快速改善
课堂纪律
的 75个方法

75 QUICK AND EASY SOLUTIONS
TO CLASSROOM DISRUPTIONS

【美】布莱恩·哈里斯 卡桑德拉·戈登伯格
Bryan Harris, Cassandra Goldberg

中国青年出版社
CHINA YOUTH PRESS

图书在版编目（CIP）数据

快速改善课堂纪律的75个方法 /（美）哈里斯，（美）戈登伯格著；
王权，钟颂飞，王正林译. —北京：中国青年出版社，2013.1
ISBN 978-7-5153-1366-5

Ⅰ. 快… Ⅱ. ①哈… ②戈… ③王… ④钟… ⑤王…
Ⅲ. 中小学—课堂纪律—教学管理 Ⅳ. G631.5

中国版本图书馆CIP数据核字（2012）第296943号

75 Quick and Easy Solutions to Classroom Disruptions
By Bryan Harris and Cassandra Goldberg
Copyright © 2012 by Taylor & Francis.
Authorized translation from the English language edition published by Routledge, a member of the
Taylor & Francis Group, LLC.
Copies of this book sold without a Taylor & Francis sticker on the cover are unauthorized and illegal.
Simplified Chinese translation copyright © 2013 by China Youth Press
All rights reserved.

快速改善课堂纪律的75个方法

作　　者：〔美〕布莱恩·哈里斯　卡桑德拉·戈登伯格
译　　者：王　权　钟颂飞　王正林
责任编辑：周　红
美术编辑：张　建
出　　版：中国青年出版社
发　　行：北京中青文文化传媒有限公司
电　　话：010-65511272/65516873
公司网址：www.cyb.com.cn
购书网址：zqwts.tmall.com
印　　刷：大厂回族自治县益利印刷有限公司
版　　次：2013年2月第1版
印　　次：2024年10月第19次印刷
开　　本：787mm×1092mm　　1/16
字　　数：110千字
印　　张：11
京权图字：01-2012-7617
书　　号：ISBN 978-7-5153-1366-5
定　　价：39.90元

目 录

前言　给您一本实用的课堂管理宝典 007

学生为什么会有不当行为 010

捣蛋鬼是对优秀教师的试金石 011

有效管理课堂纪律必备的准备工作 013

形成你的管理风格的5个程序 014

如何使用本书轻松改善课堂纪律 015

快速改善学生表现的75个方法检索表 016

1. 帮学生开个头儿推动他立刻着手 020

2. 稍微给些提示让学生做好思想准备 022

3. 给不会修复关系的孩子示范如何道歉 024

4. 和学生约定一个吸引注意力的信号 026

5. 给课堂实况录音以进行跟踪和反思 028

6. 简洁明了、给予肯定、保持距离 030

7. 通过设立榜样让期望看得见摸得到 032

8. 用一件小物品鼓励和约束学生参与 034

9. 和学生签订行为合约让期望正规化 036

10. 请学生记录下自己的行为用于分析 ……………… 038

11. 用"我还会来检查"设定时间界限 ……………… 040

12. 和学生一起列出清单观察进步 ……………… 042

13. 尊重学生的选择权以激励学习热情 ……………… 044

14. 分解学习任务以提高课业完成效率 ……………… 046

15. 用最简洁的语言要求让学生听懂 ……………… 048

16. 让学生"跟着玩一玩"以树立信心 ……………… 050

17. 使用不同颜色的教具总结归纳 ……………… 052

18. 和家长沟通时经常传达积极好消息 ……………… 054

19. 学生有进步时及时给予表扬和祝贺 ……………… 056

20. 和学生用物品做个约定约束行为 ……………… 058

21. 让学生给老师打分以收集教学反馈 ……………… 060

22. 清晰描述期望帮助学生理解要求 ……………… 062

23. 清除教室内多余装饰物提高专注度 ……………… 064

24. 适当活动和游戏增加课堂趣味性 ……………… 066

25. 充分调动好奇心吸引学生仔细倾听 ……………… 068

26. 真诚地向学生发出邀请提高参与度 ……………… 070

27. 与学生进行眼神交流让他专心听讲 ……………… 072

28. 通过5分钟焦点讨论让学生提建议 ……………… 074

29. 轻视分数重过程学生才会积极响应 ……………… 076

30. 送学生小礼物传递积极正能量 ……………… 078

31. 给完成要求的学生准备点有趣小事 ……………… 080

32. 用曲线图记录学生的进步 ⋯⋯⋯⋯⋯⋯⋯⋯⋯ 082

33. 热情地和学生打招呼并用心观察 ⋯⋯⋯⋯⋯⋯ 084

34. 允许学生带上耳机隔离干扰 ⋯⋯⋯⋯⋯⋯⋯⋯ 086

35. 用幽默营造引人入胜的课堂环境 ⋯⋯⋯⋯⋯⋯ 088

36. 用"我告诉你⋯⋯"句式帮助理解 ⋯⋯⋯⋯⋯ 090

37. 用"如果⋯⋯那就⋯⋯"句式确定目标 ⋯⋯⋯ 092

38. 对学生的进步及时给予肯定和反馈 ⋯⋯⋯⋯⋯ 094

39. 忽略学生微小的不当行为可增加信任 ⋯⋯⋯⋯ 096

40. 让学生选择先做想做的可增强信心 ⋯⋯⋯⋯⋯ 098

41. 用具体的视觉听觉和感觉来描述期望 ⋯⋯⋯⋯ 100

42. 使用两种有效的方法给学生减压 ⋯⋯⋯⋯⋯⋯ 102

43. 找件事让学生走出教室去冷静一下 ⋯⋯⋯⋯⋯ 104

44. 制定个性化的目标提高学生参与度 ⋯⋯⋯⋯⋯ 106

45. 把抽象的要求定格为具象的照片 ⋯⋯⋯⋯⋯⋯ 108

46. 事先列个提问列表鼓励学生思考 ⋯⋯⋯⋯⋯⋯ 110

47. 鼓励积极的自言自语提升正能量 ⋯⋯⋯⋯⋯⋯ 112

48. 设立私密空间可以有效隔离干扰 ⋯⋯⋯⋯⋯⋯ 114

49. 慢慢走近学生能悄悄纠正走神儿 ⋯⋯⋯⋯⋯⋯ 116

50. 用提问表示关心增强师生的沟通 ⋯⋯⋯⋯⋯⋯ 118

51. 不断增强课程相关度以调动积极性 ⋯⋯⋯⋯⋯ 120

52. 通过对学生行为的量化打分跟踪进步 ⋯⋯⋯⋯ 122

53. 让学生有权喊"弃权"减轻心理压力 ⋯⋯⋯⋯ 124

54. 通过约定秘密信号纠正学生行为 ·········· 126

55. 给出清晰的提示词让学生理清思路 ·········· 128

56. 通过特定姿势让学生学会倾听 ·········· 130

57. 用微笑缓解课堂压力使学生专注 ·········· 132

58. 让学生致力于正确行为端正其态度 ·········· 134

59. 特殊编排座位以提高学生学习效率 ·········· 136

60. 用特定的时间界限提高学生自制力 ·········· 138

61. 课前课后准备好"消化知识"的活动 ·········· 140

62. 站起来活动活动身体可振作精神 ·········· 142

63. 清晰地告诉学生"开始做某事" ·········· 144

64. 精心安排每堂课的前后10分钟 ·········· 146

65. 讲些刻苦努力的小故事展示成功 ·········· 148

66. 设立"发言卡片"让学生轮流发言 ·········· 150

67. "老师批准的玩具"可让学生专注 ·········· 152

68. 设立引起学生注意的特定教学地点 ·········· 154

69. 用感谢让学生在心里记住积极行为 ·········· 156

70. 为学生制定简短而特定的时间目标 ·········· 158

71. 让学生观察老师讲课提高参与度 ·········· 160

72. 为学生设立需要帮助的"信号灯" ·········· 162

73. 每天2分钟持续10天和学生谈心 ·········· 164

74. 设立光荣榜持续记录学生的进步 ·········· 166

75. 让学生从对错误的处理中学会反思 ·········· 168

前 言

给您一本实用的课堂管理宝典

老师们有两个伟大的梦想——一是好好教那些想方设法学习的学生，二是班上没有那些行为不当的学生。

——C·M·查尔斯《协同课堂》

我试过了能想到的各种办法，几乎没什么法子能对这个学生管用。天天修理他，他无动于衷；打电话给他家里，家长不给力；把他拖到校长办公室，校长也没招儿！我还试过给他一些奖励，但只能好上几天，之后就又"涛声依旧"了。唉，如果对班上其他学生的影响不至于那么大的话也就算了，可你知道吗？他简直是我们班的噩梦！

一个新老师对我说，她为了管好班上的"刺儿头"学生，经常辗转反侧彻夜失眠，更糟的是——好不容易睡着了还是梦见使尽浑身解数仍然搞不定，这事儿搁谁都够烦的。

谁的课堂上没有捣蛋鬼呢？通常情况下老师们不得不花费更

多的时间和精力，去帮助这样的学生培育技能、端正态度、纠正不当行为，以便让他们在学业上取得成功。这些额外的工作让我们身心俱疲。

好消息是，我们在长期的课堂观察中发现，老师经常需要应对的那些捣乱行为尚有一些规律可循。基本有这样几类：

◎ **随便发言**

他们在不当的时候，不经过举手，就大声地说出老师提问的答案，或者是用阴阳怪气的声调发表评论。这样的学生可能会严重干扰其他学生的注意力，让别的学生无法继续学习。

通常情况下，这些学生提的问题也好，发表的评论也罢，都是与课程有关的内容，而且他们渴望让同学知道他们的想法。还有些时候，他们这样随便地大声回答是为了试探老师的底线，或者纯粹是干扰课堂。

不管怎样，这些学生需要学会如何控制他们的思想、行为和语言。

◎ **爱讲小话**

有些学生在学习过程中不停地讲小话，交头接耳。和那些喜欢大声回答、评论或提问的学生一样，这些学生通常表现活跃，而且也想谈论课程的内容。当然，也有些时候他们只是想和他们的朋友交谈，或者直接逃避学习任务。

这些学生需要了解在课堂上什么时候是开口说话的好时机，什么时候不是。

◎ **粗鲁无礼**

有些火气大的学生经常对老师或同学表现出粗鲁或无礼的行为。通常这种粗鲁无礼的行为是明目张胆的，而且明显针对课堂中的每个人。这些学生不仅针对老师，还可能运用不逊的语言和不当的身体语言对别的同学进行恐吓。

他们需要学会怎样以积极和适当的方式来满足心理需要。

◎ **总开小差**

有些学生在学习的关键点开小差，另一些则总是神游物外。这些学生似乎缺乏保持专注的能力。他们不会总是违反纪律，通常情况下，老师一出现，这些学生就表现得规矩一些，等老师一走开，他们的心思就又飞到了课堂外。

这些学生需要学会跟踪观察自己的学习成果，以及如何保持专注。

◎ **轻易放弃**

有些学生在困难面前总是不愿去尝试，很容易就放弃。跟那些爱开小差的学生很相似，这些学生并不会总打断其他同学听讲，然而对老师们来说，要说服他们认真学习可真是一件很难的事儿。

如果您是一位老师，我们相信您的课堂上肯定会有这5种常见的课堂纪律问题。如何采取实用的、易于操作的干预措施呢？您选择这本书就对了。

我们不像别的作者那样，只是给广大教师列一个通用的课堂管理方法的列表，而是将实用的75种方法与这5种常见的扰乱课堂秩序的行为一一对应起来。这些方法更侧重于帮助学生养成在课堂里成功学习所需的技能。

学生为什么会有不当行为

面对学生的不当行为时，优秀的教师会问自己一个问题：怎样防止这种行为再次出现？是的，老师不仅应当考虑最有效的干预方法，而且还要考虑怎样防止将来再次出现这样的不当行为。想要帮助学生培育必要的技能，必须了解他们在课堂上状况频出的根本原因。因此，所有这些就指向了一个追根寻源的问题：为什么有些学生会出现不当的行为？我们总结出下列这些原因可能是造成学生行为不当的根源：

◎ 他们在试探老师的底线。

◎ 他们在模仿别人的行为。

◎ 他们对某件事情有着强烈的好奇心。

◎ 他们渴望获得关注。

◎ 他们渴望权力。

◎ 他们讨厌学习或者经常感到挫败。

◎ 他们对课外的事儿更感兴趣。

◎ 他们觉得自己的尊严受到威胁。

◎ 他们难以接受别人的不同意见。

◎ 他们有着自私自利的个性。

◎ 他们缺乏自我控制（容易冲动）。

◎ 他们不了解自己努力的方向，或者不清楚老师对他们的期望。

◎ 他们缺乏基本的学习技能。

◎ 他们几乎无法容忍失败。

◎ 家庭或同学的压力使他们表现出不当的行为。

◎ 他们具有潜在的情绪上、心理上、生理上或者学习上的障碍。

不要忘了，有时候学生的不当行为反而会让其他同学感到有趣。当你面对那些违反规定、行为不当或者扰乱课堂的学生时，重要的是花时间想一想，为什么他们会这样。在考虑整顿课堂纪律时，了解他为什么做某件事，其实与了解他正在做的事是同等重要的。如果你没有想清楚问题的根源，盲目行动很可能适得其反。

捣蛋鬼是对优秀教师的试金石

事实上，在课堂上经常出现纪律问题的学生，在课下也好不到哪儿去。在应对学生的不当行为时，优秀的老师首先想到可以采用什么方式为学生提供一些方法支持，来让学生学会相应的技能，使情况越来越好。我们知道，光靠惩罚几乎不可能完全掌控课堂。优秀教师首先不会考虑惩罚措施，而是考虑采用什么措施来纠正学生的行为，让那些行为不再发生。

为了有效地进行课堂管理，老师要制订一个有效的计划，以便在学生做出不当行为的时候立即予以纠正。不过，在定计划之前，老师应当考虑一些虽简单但意义深刻的假设。在纠正那些不当行为时，你需要牢记这些忠告：

◎ **所有不当行为的发生都是有原因的**

通常情况下，尽管爱捣蛋的孩子们无法清楚地表达他们脑海里想的是什么，但他们肯定认为某种不好的行为总伴随着某种好处。

为了帮助学生成长，老师必须帮他们意识到他们这种想法有问题，同时，老师还要帮助学生找到解决这一问题的办法。

那些被动接受强制执行的学生，通常会产生逆反心理，因为他们在被纠正的过程中没有自己的话语权。老师们不要以为纠正学生的不当行为只是老师的责任，而是要让学生参与其中。

◎ **不要把学生的不当行为视为针对你的个人攻击**

几乎没有哪个学生总是怀着"就是不想让老师好过"的坏心思。通常情况下，他们不会事先就想好了如何在课堂上制造混乱或干扰课堂。他们之所以做出不当的行为，往往是试图满足这一时刻的需要，却是以不当的方式来满足。

尽管学生的不当行为往往会惹恼老师，但是一旦老师把学生的不当行为视为一种个人攻击，那么他也就卷入了矛盾，成了制造问题的一分子。要保持冷静，不要把学生的不当行为视为个人攻击，然后再考虑如何处理问题。

◎ **捣蛋鬼是对优秀教师的试金石**

如果学生都像老师和大人想象的那么好，那他们也就不需要老师了。作为老师，我们能从那些最麻烦、最具挑衅性的学生身上学到很多东西。

对老师来说，想要找到解决课堂纪律的终极方法，可能要以不同的方式来看待那些学生。他们需要有爱心和耐心的成年人去教他们一些社会通行的行为和技能，同时也需要老师帮他们掌握课堂中的知识。最具挑衅性的学生，往往需要最优秀的老师。

◎ **维护学生的尊严会缓和你们之间的关系**

很多传统的方法，比如把学生的名字记在黑板上、讥讽、恐吓、威胁，都是对学生尊严的直接攻击。

对某些学生来说，他们宁愿总被修理，也不愿意当老师的应声虫。维护学生的尊严，包括不对他的性格、背景或个性进行批判，也不把他的不当行为和他的背景联系起来，就事论事，并且采取措施加以纠正才是最好的做法。

有效管理课堂纪律必备的准备工作

不管是好学生还是捣蛋鬼，如果老师掌握了正确的课堂管理方法，他们都会在学业上取得成功。重要的是，老师要为学生营造一个积极的课堂环境，本书中的方法可以帮你优化课堂氛围，也可以帮你在开学前制定一个课堂管理计划。不过在制定计划时要记住，以下的这些规则需要遵守：

◎ 制定积极的、明确一致和不容置疑的规则和程序。

◎ 针对学习活动和学习成果给出清晰的指导。

◎ 保证高质量且具有挑战性的、能满足学生教学需要的课程。

◎ 和学生经常进行基于实现教学目标的积极和及时的沟通。

◎ 课程要精心设计、引人入胜、互动性强。

◎ 教学生课堂知识的同时，还要致力于帮助学生学习如何融入社会，在教授这些的时候要有爱心，有耐心，你的付出会有回报。

形成你的管理风格的5个程序

在应对学生的任何不当行为时遵循一个特定的程序，通常对课堂管理非常有效。下面这个5步计划，将有助你形成一套自己的管理风格：

第1步　指出学生的问题行为

◎ 学生在……方面存在问题。

第2步　描述这种问题行为

◎ 它牵涉到什么人？

◎ 学生表现出了哪些类别的行为？

◎ 问题行为什么时候出现？

◎ 这种行为即将出现的时候，是不是有任何迹象或标志？

第3步　询问原因

◎ 问自己（老师、家长），为什么这种行为可能发生。

◎ 如果合适的话，要学生解释他对这种行为及其解决办法有些什么看法或想法。

第4步　集思广益，征求特定的方法

◎ 请教同行，或者借助专业书籍的指导，寻求更多的好主意。

◎ 不要继续反复使用那些已经验证过无效的方法。

第5步　执行特定的方法

◎ 为措施的执行确定时间表。

◎ 与家长、学生、学校管理人员和将涉及到的人进行沟通。

◎ 每周进行反思，必要时不断调整。

◎ 在整个过程中向学生们提供特定的反馈。

如何使用本书轻松改善课堂纪律

这本书是我们与众多任课老师共同努力的结果。我们将75个实践证明最有效的课堂管理方法与最常见的5种干扰课堂秩序的行为一一对应起来，各个击破。这5种干扰课堂秩序的行为是：

1. 不经举手就脱口而出地大声说出答案、发表评论或者提出问题；

2. 讲小话；

3. 待人粗鲁或无礼；

4. 开小差或注意力不集中；

5. 不愿努力尝试或者轻易放弃。

书中我们将用两页讲解一个方法。在每个方法开始页的顶部，

首先描述了这些方法的名称，底下列举了这5种常见的干扰课堂秩序行为的每一种。虽然我们将特定的方法与常见的干扰课堂秩序的行为相对应，但你也可以通过你教学的经验来稍稍调整这些方法，用它们来应对其他的干扰课堂秩序的行为。

当学生在多个方面都有干扰课堂秩序行为的时候，尤其需要我们认真对待。毕竟，那些不经举手就说话的学生，有时候也会在不当的时候讲点小话，交头接耳。因此，应当把这些方法视为一个"点子菜单"而不是一个"要求列表"。

有些学生会对某些方法非常适应，但对别的却不那么适应。在纠正学生的不当行为时，重要的是准备好装有各种各样有效方法的"锦囊"，随时取出其中的"妙计"。写这本书的目的就是给广大的教师提供这样一个"锦囊"，以便在遇到课堂纪律问题时手到擒来。

下面这个表单就是帮助你管理常见的课堂纪律问题的"锦囊妙计"。它是一个分类的"方法索引"，对5种常见的课堂纪律问题非常有效，你可对号入座。

快速改善学生表现的75个方法检索表

	方法	页码	随便发言	爱讲小话	粗鲁无礼	总是走神	容易放弃
1	帮学生开个头儿推动他立刻着手	020				√	√
2	稍微给些提示让学生做好思想准备	022				√	√

方法	页码	随便发言	爱讲小话	粗鲁无礼	总是走神	容易放弃
3 给不会修复关系的孩子示范如何道歉	024			√		
4 和学生约定一个吸引注意力的信号	026	√	√	√	√	√
5 给课堂实况录音以进行跟踪和反思	028	√	√	√		
6 简洁明了、给予肯定、保持距离	030			√	√	√
7 通过设立榜样让期望看得见摸得到	032	√	√			
8 用一件小物品鼓励和约束学生参与	034	√			√	√
9 和学生签订行为合约让期望正规化	036			√		
10 请学生记录下自己的行为用于分析	038	√	√			
11 用"我还会来检查"设定时间界限	040				√	√
12 和学生一起列出清单观察进步	042				√	√
13 尊重学生的选择权以激励学习热情	044			√		√
14 分解学习任务以提高课业完成效率	046					√
15 用最简洁的语言要求让学生听懂	048	√	√	√	√	√
16 让学生"跟着玩一玩"以树立信心	050					√
17 使用不同颜色的教具总结归纳	052				√	
18 和家长沟通时经常传达积极好消息	054	√	√	√	√	√
19 学生有进步时及时给予表扬和祝贺	056	√	√			√
20 和学生用物品做个约定约束行为	058	√	√			
21 让学生给老师打分以收集教学反馈	060			√		
22 清晰描述期望帮助学生理解要求	062	√	√	√	√	
23 清除教室内多余装饰物提高专注度	064				√	
24 适当活动和游戏增加课堂趣味性	066	√	√	√	√	
25 充分调动好奇心吸引学生仔细倾听	068				√	√
26 真诚地向学生发出邀请提高参与度	070				√	
27 与学生进行眼神交流让他专心听讲	072	√	√		√	
28 通过5分钟焦点讨论让学生提建议	074				√	√
29 轻视分数重过程学生才会积极响应	076					√
30 送学生小礼物传递积极正能量	078			√		√
31 给完成要求的学生准备点有趣小事	080				√	
32 用曲线图记录学生的进步	082	√	√	√	√	√
33 热情地和学生打招呼并用心观察	084	√	√		√	√

	方法	页码	随便发言	爱讲小话	粗鲁无礼	总是走神	容易放弃
34	允许学生带上耳机隔离干扰	086		✓		✓	
35	用幽默营造引人入胜的课堂环境	088	✓	✓	✓		✓
36	用"我告诉你……"句式帮助理解	090	✓	✓	✓		
37	用"如果……那就……"句式确定目标	092	✓	✓	✓		
38	对学生的进步及时给予肯定和反馈	094	✓	✓			✓
39	忽略学生微小的不当行为可增加信任	096			✓		
40	让学生选择先做想做的可增强信心	098					✓
41	用具体的视觉听觉和感觉来描述期望	100	✓	✓	✓	✓	✓
42	使用两种有效的方法给学生减压	102			✓		✓
43	找件事让学生走出教室去冷静一下	104			✓		
44	制定个性化的目标提高学生参与度	106			✓		✓
45	把抽象的要求定格为具象的照片	108	✓	✓			
46	事先列个提问列表鼓励学生思考	110				✓	✓
47	鼓励积极的自言自语提升正能量	112					✓
48	设立私密空间可以有效隔离干扰	114		✓		✓	
49	慢慢走近学生能悄悄纠正走神儿	116	✓	✓			
50	用提问表示关心增强师生的沟通	118					✓
51	不断增强课程相关度以调动积极性	120					✓
52	通过对学生行为的量化打分跟踪进步	122	✓				
53	让学生有权喊"弃权"减轻心理压力	124			✓		✓
54	通过约定秘密信号纠正学生行为	126	✓	✓			
55	给出清晰的提示词让学生理清思路	128				✓	✓
56	通过特定姿势让学生学会倾听	130	✓	✓			
57	用微笑缓解课堂压力使学生专注	132	✓				✓
58	让学生致力于正确行为端正其态度	134	✓	✓	✓		
59	特殊编排座位以提高学生学习效率	136				✓	
60	用特定的时间界限提高学生自制力	138	✓	✓			✓
61	课前课后准备好"消化知识"的活动	140	✓	✓			
62	站起来活动活动身体可振作精神	142				✓	
63	清晰地告诉学生"开始做某事"	144	✓	✓	✓	✓	
64	精心安排每堂课的前后10分钟	146	✓	✓	✓		

	方法	页码	随便发言	爱讲小话	粗鲁无礼	总是走神	容易放弃
65	讲些刻苦努力的小故事展示成功	148					√
66	设立"发言卡片"让学生轮流发言	150	√	√			
67	"老师批准的玩具"可让学生专注	152			√	√	
68	设立引起学生注意的特定教学地点	154				√	
69	用感谢让学生在心里记住积极行为	156	√	√	√		
70	为学生制定简短而特定的时间目标	158			√	√	√
71	让学生观察老师讲课提高参与度	160			√	√	√
72	为学生设立需要帮助的"信号灯"	162				√	√
73	每天2分钟持续10天和学生谈心	164			√		
74	设立光荣榜持续记录学生的进步	166	√	√		√	√
75	让学生从对错误的处理中学会反思	168	√	√	√		

1. 帮学生开个头儿推动他立刻着手

| 随便发言 | 爱讲小话 | 粗鲁无礼 | **总是走神** | **容易放弃** |

教你一招

万事开头难，那些在学习中遇到困难的学生，也需要一点点鼓励。这种鼓励可以是在学习项目、任务或作业中帮他们开个头，给他们一些甜头。这种方法以建议或答案的形式，让学生获得一些信心，鼓励他们开始动手去完成学习任务。

如何实施

我们都喜欢不劳而获，对吗？是的，我们都喜欢以较小的付出获得最大的收获，这种感觉太好了。在"买一送一"的巨大诱惑面前，谁会不动心呢？在开始一项学习任务之前，单独地找那些学习上遇到困难的学生谈谈心，告诉他你已经对这项学习任务做了一些调整，因此会影响到他需要完成的任务内容。

你可以解释说，你已经给出了开头几个问题的答案。比如老师可以说："这次的作业，我已经特地帮你做了一部分。你会发现，你本来要答20道题，但我帮你答了3道，剩下的17道题，你应当能够在下课以前完成了。"

这种方法充分利用了学生的私心，鼓励那些学习困难的学生着手去完成学习任务或作业。

⭐ 运用诀窍

◎ 有些老师采用这种方法的时候，往往觉得这对别的学生不公平。但是，很多在学习中遇到困难的学生根本不可能完成学习任务，这种方法增大了他们完成学习任务的可能性。

◎ 除了给这些学生提供直接的答案，还可以暗示哪些题目或任务最容易、最难或者最耗时间。给这些学生更多的时间来完成学习任务，或者让他们自行选择答题次序。

◎ 这种方法与"简洁明了、给予肯定、保持距离""分解学习任务"和"调动学生的好奇心"等方法结合使用时，效果很好。

2.稍微给些提示让学生做好思想准备

随便发言　爱讲小话　粗鲁无礼　**总是走神**　容易放弃

教你一招

先给学生一点信息提示，就是讲课前为学生提供一些有关即将发生的事件、活动或即将要求他们完成的学习任务的信息、背景、提示或诀窍。这样一来，学生做好了思想准备，再开始就比较容易了。

如何实施

对即将发生的事件预先提出警告，会让所有的学生都受益。这种方法对那些在快节奏的课程或学习活动中感到迷茫，或者在课程的进度出现意想不到的变更的情况下感到不知所措的学生格外有效。这一方法可以用来提前告知正常课程安排的改变，提醒学生注意到即将发生的变更，或者可以让学生知道，老师期望他们活学活用、展示所学的知识，或和同学进行互动。

提示可以用口头、板书的方式提供，也可以用卡片等形式提供给个别的学生。这种方法让学生有一定的心理准备来考虑课堂的变化、老师的期望，让他们有时间把他们的想法或期望值进行调整。

老师可以这样说，"吉米，我想首先提醒你一下，我们会在10分钟左右的时间里进行一些合作学习。因此，你要做好准备，开始想一想，你对我们刚刚读到的故事有什么评价。"

⭐ 运用诀窍

◎ 老师有时候不可能一直守在课堂里，这个时候，他可以提前跟学生打好招呼，让他们在那个时候也同样表现优秀。

例如很多老师可能会这样说，"同学们，明天我不在学校，米勒老师会代替我。她可能不清楚我们所有的课程安排，因此，如果有什么更改或者是调整的话，你们要表现出最优秀的一面。"

◎ 给学生一点信息提示在很多方面不同于图形提示。图形提示是让学生能够凭视觉来组织信息、数据或内容。信息提示是一种类似于便笺的工具或方法，它在事件发生之前为学生提供信息。

3. 给不会修复关系的孩子示范如何道歉

随便发言	爱讲小话	**粗鲁无礼**	总是走神	容易放弃

教你一招

有些孩子很难为他们的行为道歉，因为他们不知道怎样适当地表达出心中的懊悔。能够在情绪上为自己的行为切实负起责任是一项需要学习的技能，老师要公开地教，而且要做出示范。

如何实施

真诚的道歉，是修复已经破裂关系的一种方法。当学生平静下来，而且用合适的心态在反省自己时，老师可以找他单独谈心，促进学生思考是什么导致这种不恰当的行为，以及他可以做些什么更好的事情。

要从两方面来解释道歉的目的：首先，它向别人表明，你意识到了发生的事情，同时你感到很愧疚。其次，它帮助双方来修复关系。要让学生知道，道歉也会有助于他们本人。一旦他们为某种不恰当的行为道了歉，就能够更好地从那种难过的感觉或歉疚之情中解脱出来。

尽管道歉的目的并不在于获得较轻的处罚，但应当让学生知道，一次真诚的、发自内心的道歉（同时，做出今后不再犯这类错误的相应承诺），通常可以获得从轻处罚。

⭐ 运用诀窍

◎ 有些学生在想道歉的时候，需要一些明确的词汇或短语作为示范。老师可以教学生这样开头，比如："我想说，我对……感到很抱歉。"

◎ 很多学生没有见过合适的道歉行为或态度。对老师来说，在自己犯了错误的时候马上承认，并请求学生原谅，是树立道歉榜样的好机会，这一点很重要。

◎ 告诉学生，道歉并不是一件容易做的事情。人们在道歉时通常有着强烈的情绪，要承认自己做错的事情，也是很难的。

◎ 真诚是道歉的关键。因此，在学生没有准备好道歉之前，不应强迫他们道歉。

4.和学生约定一个吸引注意力的信号

| 随便发言 | 爱讲小话 | 粗鲁无礼 | 总是走神 | 容易放弃 |

教你一招

有效的设定引起注意的信号，是课堂管理中一种最基本的工具。虽然所有的学生都受益于引起注意的信号，但对那些不守纪律的学生来说，它更是一种特别有益的方法。

如何实施

作为一种吸引和保持学生注意力的方法，每一间教室里都必须有公开的、引起学生注意的信号。在选择引起注意的信号时，要考虑学生的成熟情况、年龄，以及能力水平。在选定了引起注意的信号后，为了使该信号有效，可以遵循下列这些步骤：

◎ 向学生解释这一信号是什么、如何使用、目的是什么。

◎ 为学生模拟信号的使用，并且将学生的反应包含在其中。

◎ 练习这一信号，并且就信号的有效性提供反馈。

有些最为有效的引起注意的信号，需要学生用实际行动来作出反应。

比如说，如果运用"向我出示五个手指"的信号（老师举起一只手，张开五个指头，并且在口头上要求学生把注意力转到手指上来），要让学生看着老师，并且同时举起他们的手，张开五个指头。另外一些引起注意的信号包括铃声、拍手，以及训练用的口哨。

⭐ 运用诀窍

◎ 通常情况下，轻轻挥动小灯，用灯光来作为引起学生注意的信号并不是个好主意。这样往往会让学生兴奋不已，一下子叽叽喳喳起来，导致学生过度兴奋，大声说出不恰当的话。

◎ 要准备好备用的吸引学生注意的信号，因为有些时候，有些信号会让学生失去新鲜感，从而降低有效性。在引入新的引起注意的信号时，重要的是解释、模拟和练习新的信号。

◎ 为了增强引起注意的信号的有效性，可以结合"调动学生好奇心""对学生的行为量化打分"或者"设立特定的时间界限"等方法。

◎ 在期待学生集中注意力之前，想一想他们现在正在做什么，以及大约需要多少时间才能让他们停止做这些事情并重新集中注意力。

5. 给课堂实况录音以进行跟踪和反思

随便发言　爱讲小话　粗鲁无礼　总是走神　容易放弃

教你一招

在录音中听自己的声音，可以为学生反省他们的行为提供一种独特而新颖的方法。在上课的时候录音，既可以让学生，也可以让老师有机会来反思和考虑他们的行为对课堂教学产生怎样的影响。

如何实施

这种方法应当谨慎使用，而且只在学校管理方、家长和学生都知晓你使用的过程和程序之后，才加以使用。可以让学生知道你会对某堂课的某些部分进行录音，为了让大家了解整个班级的情况，来录下一天的学习生活。但是在录音开始或结束的时候，不一定非要告诉学生。录下整个班级的声音，其目的是收集有关学生是否专注、课程的进程如何、学习任务是否适合，以及课堂的整体环境等方面的信息和反馈。

如果在上课的时候录了音，可以用几种方式来运用这段录音。首先，老师应当单独听一听录音，以便深入思考自己有没有向学生阐明学习的方法、了解课程的进展以及学生是不是专心听讲。然后，可以请个别学生一道来听录音。

在和学生个别交谈的时候，可以这样对他说，"雷蒙德，你有没有注意到，当我在指导小组的学习任务时，你打断了三次？"运用从录音中收集到的信息，可以组织一场讨论，让学生明白个别同学的行为怎样影响整个班级。

⭐ 运用诀窍

◎ 不要在全班同学的面前播放录音，除非它录下了小组学习的积极行为。如果录下了学生的成就或成长，你才可以通过播放录音来表示对他们的祝贺。

◎ 录音设备往往要比照相机更方便架设，而且，由于没有照相机在"抓拍"学生们的行为，他们往往会忘记录音设备的存在。除此之外，如果是用照相机或摄像机，有些表现欲望较强的学生可能会在它们面前摆摆"pose"。

6.简洁明了、给予肯定、保持距离

| 随便发言 | 爱讲小话 | 粗鲁无礼 | 总是走神 | 容易放弃 |

教你一招

正确地运用"简洁明了、给予肯定、保持距离"时，这种方法会将"慢慢靠近学生"的力量和师生之间的身体距离结合起来，帮助学生把注意力重新集中到学习任务或作业上来。

如何实施

有些学生难以理解老师提供的、分成多个组成部分或者多个层次的学习指导，只有当老师的指导清晰、简洁，而且有针对性的时候，他们才更有可能体会到成功并遵循老师的指导。因此，在你提供指导、就学生的行为进行反馈，或者纠正学生的不恰当行为时，应当尽可能简洁明了地表述。

另外，你的表述、指导以及反馈，还应当运用一种正确的声调来阐述。

所谓正确的声调，就是要向孩子们表明，老师相信他们不仅能够，而且也会遵循老师的指导，参与到学习中来。很多行为不恰当的学生总以为别人会对他们的行为给予负面的评价，正因如此，在和这些学生谈心的时候，一定要给予肯定。所以说，老师应当以积极的姿态来表达对学生的期望、评论和反馈。

在给出了指导、分配了学习任务，或者确定了期望值之后，老师要和学生保持一定的身体距离。也就是说，要给学生一定的空间去完成任务，而不是老围在他们身边，紧盯着他们。有些学生如果老师一直围在他们身边转，他们就会发出"你别逼我"的信号，效果反而不好。

⭐ 运用诀窍

◎ 老师应当努力确定他们的语言交流和非语言沟通是一致的。如果以一种否定的、充满怀疑的声调来说出一些正面的词语，或者用侵略性的身体语言来表达正面的意思，那么，这种方法的有效性就会降低。

◎ 在向行为不恰当的学生提供指导和反馈时，重要的是要记住，很多学生都担心他们的同学怎样看待自己。当一个学生感到压力重重、烦闷不安，或者不知所措的时候尤其如此。在那些时候，孩子们很难做到清晰或理性地思考。

7. 通过设立榜样让期望看得见摸得到

| 随便发言 | 爱讲小话 | 粗鲁无礼 | 总是走神 | 容易放弃 |

教你一招

用榜样来示范老师期望学生做到的行为，是有效的课堂管理方法。这种方法要求学生成为榜样，以展示完成学习任务或者参与课堂活动最完美的方法。

如何实施

找一位学生上台来，向全班学生解释，你要借此机会向全班学生展示某项学习活动的正确步骤以及你的期望，而且告诉大家，你想要那个学生在全班同学面前模拟正确的参与方法。在演示期间，清晰地解释你希望那位学生做什么。

如果有必要，在其他学生有疑问或者做示范的学生没有按计划做好的时候，你可以评价他所做的事情。比如说，你可以要求某位经常主导小组讨论的学生来模拟怎样在小组讨论中运用"发言卡片"。你还可以要那位学生告诉大家，为什么采用轮流的方法和遵循规定的程序如此重要。

⭐ 运用诀窍

◎ 为了使这一方法变得有效，老师要准确地描述期望学生做到的行为。例如，如果你期望学生在课堂上使用"请"和"谢谢"等礼貌用语，那么，你自己也需要经常使用那些用语。

◎ 大多数情况下，不建议让学生以不恰当的方式来示范某些行为。

大部分学生，尤其是那些年龄稍大一点的学生，已经知道了在校的基本规范。如果树立不好的典型，可能从某种意义上怂恿其他学生去取笑。

除此之外，假如试图对那些粗鲁无礼的学生运用这种方法可能会事与愿违，因为他们要么在同学面前对老师和学校的期望进行取笑，要么根本不屑一顾。

8. 用一件小物品鼓励和约束学生参与

随便发言	爱讲小话	粗鲁无礼	总是走神	容易放弃

教你一招

一件小小的实物，比如一件玩具或者是个小小的沙包，可以成为课堂中鼓励学生参与学习、用功学习并且轮流发言的好工具。

这样的小物品，我们可以称作"具体提示物"。学生们有了一个真实存在的实物来把玩，同时提醒他们学习的程序、老师的期望和学习任务的时间界限是怎样的，会受益良多。

如何实施

老师向学生解释了一项作业或学习任务的程序及期望后，丢一件类似于沙包的小东西给学生，并且用提问、指导或讲述的方式来提示他。

只有手拿这件东西的学生，才允许在规定的时间里回答、模拟或者展示。回答完成后，学生可以把这样小东西交回给老师，或者交给别的同学，以便继续进行讨论。这使得别的同学也以一种条理清晰的方式分享信息，而且同样结合了身体的活动。

⭐ 运用诀窍

◎ 为学生模仿怎样相互之间抛出小沙包的技巧。也许有必要模拟出"抛"和"扔"之间的区别。

◎ 如果学生对自己的答案不确定，允许他求助于伙伴，或者让学生有权说"弃权"。

◎ 为了让学生学会依次序发言可以在讨论期间让学生们传递沙包之类的小东西。

◎ 对那些常常主导或"垄断"课堂讨论的学生来说，这是一种非常有效的方法，因为它可以限定学生讲多长的时间，以及什么时候讲。

9. 和学生签订行为合约让期望正规化

随便发言	爱讲小话	粗鲁无礼	总是走神	容易放弃

教你一招

"行为合约"是由老师、学生和家长在一致认可的基础上签署的书面文档，它描述老师期望的行为、积极的行为、遵守合约的奖励及不遵守合约的后果等。

如何实施

"行为合约"有助于将课堂中对学生行为的期望正规化。

作为一种书面协议，它有助于向各方澄清规则和期望。在制定"行为合约"时要侧重于行为，并且清楚地解释，问题行为往往在什么时候最容易出现、对整个班级或者学生个人会产生怎样的影响等等。

老师通过与学生和家长的合作，可以帮助各方集思广益，想出种种行之有效的方法帮学生实现学习目标，而这样的学习目标，也应当写入到"行为合约"之中。

尽管有些学生也许需要老师给予某种奖励或激励，但不必采用昂贵的物质奖励。通常情况下，学生们会选择比如多玩一会儿电脑、可以自由地跟朋友聊天，或者不做家庭作业之类的奖励。

⭐ 运用诀窍

◎ "行为合约"的方法，可以与"用图表展示学习成果""为学生制定个性化的目标"以及"光荣榜"等方法有效地结合使用。

◎ 通常情况下，对那些容易冲动的学生，比如说在课堂里不经举手就脱口而出回答提问、提出问题或者开小差的学生，行为合约的方法往往不太管用。

◎ 行为合约的有效性在于它能够引起学生的注意，并聚焦于某个问题。

◎ 如果学生和家长没有接受合约的条款并且没有参与行为合约的制定，这种方法可能不会奏效。

10. 请学生记录下自己的行为用于分析

随便发言　爱讲小话　粗鲁无礼　总是走神　容易放弃

教你一招

有些最冲动的学生，对他们在课堂中形成的干扰究竟有多强或者有多频繁没有一个清晰的认识。这种方法让学生能够亲眼看到或亲身感受到他们自身的行为，并且让学生有机会反思他们的行为对别人造成的影响。

如何实施

在和学生单独谈心的时候，向学生解释，你在跟踪观察他的行为，需要得到他的帮助。

特别要清楚明白地指出哪些行为对课堂造成了干扰。你可以给学生一张小纸条、小卡片，并示范如何用记号来记录下那些行为发生的次数。你可以跟学生解释说，他要跟踪观察并记录下自己在课堂上不经举手就脱口而出回答或提问，或者在不恰当的时候交头接耳的次数。这样做的目的是为了真实地反映课堂上的情景。

如果有必要的话，你可以给学生发出一个"约定的秘密信号"，用于表明他什么时候应当记下当时的行为。在当天放学的时候或者下课以后，检查一下学生手中的记号，并且认真考虑学生不恰当的行为出现的次数、时间以及对其他学生的影响。

⭐ 运用诀窍

◎ 这种方法的有效性在于，它是靠学生收集的数据来说话。不过，如果学生无法记下他自己不恰当行为的次数，老师或教职员工也可以收集这样的数据，并把它们出示给学生看。

◎ 保存好那些记录，以便展示学生的进步，或者运用"用图表展示学习成果""光荣榜"的方法。

◎ 跟踪观察学生行为的记录表，也可以给学生家长看。

◎ 学生还可以做另一项记录，即记录下他每次很想大声说话或讲小话但却自己克制自己的次数。

11. 用"我还会来检查"设定时间界限

随便发言	爱讲小话	粗鲁无礼	**总是走神**	**容易放弃**

教你一招

告诉学生"我还会来检查",是以简洁的口头声明为形式,针对单个学生的一种管理方法。它指的是老师确定一个目标,帮助学生专心致志地完成学习任务和课堂作业。

如何实施

告诉学生"我还会来检查"的干预措施通常在独立的工作时间内完成,它为学生规定一个时间界限,在这个时间界限内,学生要对自己的学习负起责任。

比如,老师在教室里四处走动,检查学生的学习情况时,可以这样对学生说,"安德鲁,现在我们正在写一篇作文的初稿,要尽量写得有说服力。请你首先完成第一段,过5分钟后,我还会来检查你完成的情况。到我再来检查的时候,请把那一步做完。如果你在5分钟之内完成了,向我翘一下大拇指,我就马上来检查你的作业。"类似这样的表述，既为学生清晰地指明了学习任务是什么，也给他限定了时间。

⭐ 运用诀窍

◎ 在阐述某一需要完成的学习任务之前，要确保学生具备独立且成功地完成这一任务的知识和能力。

◎ 如果合适的话，问学生他希望什么时候让老师来检查。比如，"安德鲁，你觉得你要花多长的时间才能写完这篇作文的第一段？5分钟？太好了，我会在5分钟左右的时间里再来检查。"

◎ 如果很多学生都需要差不多的时间来完成某一任务，那你也许无法跟踪观察学生们接下来的情况。这可能既让老师，也让学生感到非常失败，而且会让那些本来就不愿意学或者喜欢开小差的学生找借口不完成学习任务。

12. 和学生一起列出清单观察进步

随便发言	爱讲小话	粗鲁无礼	总是走神	容易放弃

教你一招

列清单可以帮助学生确定需要完成哪些任务和作业，以及用怎样的次序来完成。如果学生在完成学习任务的时候能够观察到自己的成就，并且逐一有条不紊地完成，很多学生学习的劲头会更足。

如何实施

给学生一张空白表，并告诉他们，你会在一天或一堂课中跟踪观察他的进步。老师和学生可以一同来了解需要完成的学习任务或作业，同时，老师要为每一项任务规定特定的时间界限。要指导学生去列举、复制或探讨需要完成的学习任务，以便达到该任务的期望。

当学习任务完成的时候，由学生来检查这个清单中的每一项是不是都已完成。

⭐ 运用诀窍

◎ 记住，要给学生一些时间来更新他们的"清单"，并且对他们取得的成绩表示祝贺。

"清单"非常便于转换成"光荣榜"，而且可以在和家长沟通的时候使用。

◎ 考虑引导学生将最容易的学习任务或作业放在清单的最前面。这有助于学生树立信心、激发学习动力。

◎ 如果老师在组织不同类型的学习任务或者不同的学习范围时运用好几个清单，会受益良多。"颜色代码"是一种支持使用多个清单的有效方法。

13. 尊重学生的选择权以激励学习热情

| 随便发言 | 爱讲小话 | 粗鲁无礼 | 总是走神 | 容易放弃 |

😊 教你一招

如果老师把学习视为一次旅程，那么，每个学生可能，也应当选择不同的途径。允许学生选择以怎样的次序去完成学习任务，既能够激励学生，也是对个人差异的尊重。

💗 如何实施

选择，给学生一种归属感和所有权，通常会促使学习任务的完成。

当学生面对多项学习任务，或者要花很长时间才能做完作业时，让他们能够自行选择，先开始做哪些作业或者先做作业的哪一部分。对所有学生来说，有权选择是一种强大的激励因素，这种方法在老师和那些问题学生一对一地谈心的时候运用，尤其有效。

"学生的选择"可以包括完成作业的次序、显示自己熟练程度的方法、解题时用到的资源、完成任务时的合作伙伴，或者是在需要找同学借学习资料或寻求帮助的时候能够在教室里自由地走动，等等。

⭐ 运用诀窍

◎ 记住，让学生选择给他们分配的学习任务和作业时，要不断增强学习任务的相关性，使学生能够理解他们的选择与他们个人之间存在着直接的关联。

有时候，即使你让学生有权选择，学生却认为他仍然很厌倦学习、与学习任务不相干，或者觉得自己的能力水平不够，那么，他们也没有动力去完成任务。

◎ 运用学生的兴趣，来深刻观察学生希望怎样展示他们的知识。根据你对学生特长的理解，向他们建议一些可以运用的、表明自己掌握知识熟练程度的方法。

◎ 有些学生，特别是那些难以专心学习的学生，可能会在太多的选择面前不知所措。

◎ 在那种情况下，为学生怎样选择学习任务的次序提出一些建议，鼓励他分解学习任务，或者是将任务与本人的个性化目标联系起来。

14. 分解学习任务以提高课业完成效率

| 随便发言 | 爱讲小话 | 粗鲁无礼 | 总是走神 | 容易放弃 |

教你一招

有些学生很容易在大量的作业或者要分好几个环节来完成的学习任务面前不知所措。分解作业或学习任务，就是指将作业和学习活动细分为一些更小的、更可掌控的部分，并且为每个部分提供有组织的指导。

如何实施

测验、工作表、项目和日常活动，都很容易细分成小型的、可掌控的学习任务。

给学生布置作业前，让他们知道他们可以选择作业的完成要求。比如，他们可以将一张30道题的试卷细分成6个部分，每个部分5道题，或者也可以将手中的纸对折起来，首先完成上半部分的题，再去做下半部分的题。或者，还可以先做偶数编号的题，然后再做奇数编号的题。

第一次教学生怎样将较多的作业进行分解时，可能需要提供一些示范和例子，并且演示应当怎样来分解学习任务。这包括向学生示范当他们面对大量的作业而不知道怎样分解的时候，应当做什么。

⭐ 运用诀窍

◎ 如果学生没有理解积极参与学习或勤奋学习的价值，那么他们会在复杂的、多环节的任务面前感到更加失败。

◎ 向学生展示在哪些方面以及怎样来分解学习任务的时候要明确地告诉他们，完成学习任务其实与他们的学业成功密切相关，而且非常重要。

◎ 将"分解学习任务"的方法与"我还会来检查""允许学生选择次序"或"特定的时间界限"等方法结合起来使用效果更好。

◎ 学生可以采用下列任何一种方法来分解他们的学习任务或作业：首先做奇数编号的题；首先做偶数编号的题；先做两道、五道或十道题；留出两道、五道或十道题到最后来做；将作业分成两半；将试卷对折；首先做比较容易的部分；等等。

15. 用最简洁的语言要求让学生听懂

| 随便发言 | 爱讲小话 | 粗鲁无礼 | 总是走神 | 容易放弃 |

教你一招

模糊的、多步骤的、复杂的口头指导，通常导致学生无法把心思放在学习任务上。如果老师提供明确的指导，不守纪律的行为会有很大程度的收敛。

如何实施

为学生提供有效的指导，既要花时间，也要不断练习，同时，对所有老师来说，并不见得很容易做到。因此，面对那些行为不恰当的学生，老师应当花时间来精心构思自己说出来的话和展示出来的东西，并且非常有条理地给予指导，那样的话，就增大了学生遵循指导的可能性。为了给学生提供明确的指导，老师可以使用下列这些建议：

◎ 运用"设定引起注意的信号"，并且只在所有学生都认真听讲了的时候，才提供指导。不要跟学生们商量。

◎ 尽可能用最简洁的语言表达信息。

◎ 给学生确定一个清晰的时间界限，告诉学生什么时候开始某项学习任务，以及他们必须在多长的时间内完成任务。

◎ 在学生即将动手学习之前才给出指导。避免太早指导，因为学生可能会忘记老师对他们的期望。

◎ 对于多步骤或多环节的学习项目，提供或建议一个特定的次序来完成任务。

◎ 预测哪些步骤会给学生带来难题。

◎ 尽可能让你提供的指导"看得见"，比如把步骤写在黑板上、用一些图标来代表学习活动，或者采用清单。

⭐ 运用诀窍

◎ 当学生没有遵循你的指导时，不要对他们说"你没有遵照我的指导"或者"那不是我教你做的，你得遵循我的指导"之类的话。相反，你可以运用"简洁明了、给予肯定、保持距离""清单"或"慢慢靠近学生"等方法。

◎ 对课堂干扰格外严重的班级，考虑将任务的特定指导逐步地写出来。和少数学生开展一次5分钟的"焦点小组"讨论，有助于确定描述学习行动和指导学生行为的最佳方法。

◎ 很多学生受益于与学习伙伴开展简短的讨论，以仔细检查各个学习步骤、为学习任务的完成制订计划，并清晰地跟踪完成任务的过程。

16. 让学生"跟着玩一玩"以树立信心

随便发言　爱讲小话　粗鲁无礼　总是走神　**容易放弃**

教你一招

有些学生由于害怕自己回答不出问题时受到其他同学的取笑，因此不敢参与课堂的学习活动。这种方法为这些学生树立了信心，并让他们放心地参与，老师会告诉他们，他们只有在表示自己愿意回答问题或提供评论的时候，才会被点名。

如何实施

跟学生私下里谈心，并解释说，你设计了一个系统，能够让学生在学习中表明他们什么时候愿意参与学习。这种方法具体是这样的：要求学生举起手来，并且用手指头的个数来代表他到底有多大的信心。

当学生举起了手，但却把五个指头都捏得紧紧的时候，表明他不想回答问题，但是，由于举起了手，表明他和班上别的同学一样，已经参与了学习。

对某些同学来说，能够"跟着玩一玩"，可能是树立信心的第一步。如果学生举起了手，并且张开了五个指头，那表示他有十足的信心来回答问题，而且可能被老师点名回答问题。张开四个指头，可能表明学生的信心指数为"4"（最高为5），或者愿意参与。

⭐ 运用诀窍

◎ 观察学生的进步和参与情况，如果学生一连几个星期都举起握紧指头的手来，也不要过度担心。这种方法的效果在于，它让学生产生强大的精神力量，也对自己产生一种控制感。学生还需要知道，他们可以信任老师，老师会尊重他们的愿望。

◎ 考虑使用"让学生尝点甜头"或"事先列个提问列表"等方法，作为一种鼓励参与的方式。

17.使用不同颜色的教具总结归纳

随便发言　爱讲小话　粗鲁无礼　**总是走神**　容易放弃

教你一招

使用不同的颜色，可以为学生提供一种清晰的方式来安排和组织他们的学习，而且可以帮助学生记住、回忆和消化学过的知识。

使用不同颜色的教学用具和材料，在放置文件夹、讲义和书写材料的时候，也可以让学生养成有条理的习惯。

如何实施

在做笔记或合作学习等课堂活动中，有些学生很难一直聚精会神地进行下去。使用不同颜色的材料可以为学生提供指导、提示和线索，以便整理、组织和收集材料。提供不同颜色的记号笔或荧光笔，以便学生用一种特定的方式来编码和组织他们的笔记。

比如，在学生组织他们关于美国革命的材料和笔记时，教他们用绿色来突出一些事件，用黄色来突出人物，并且用蓝色来突出一些事实。这种方法，让学生在做笔记的时候一直保持专注，也有助于唤醒他们的视觉记忆。

采用不同颜色的教具和材料，还有助于学生组织他们的日常知识材料。例如，老师可以规定所有的学生都用红色文件夹收集数学材料，蓝色文件夹收集阅读材料，橙色文件夹收集外语材料等等。这可以帮助学生迅速地找出上课时需要的东西，而且有助于老师一眼就看出学生是不是带上了正确的资料来上课。

⭐ 运用诀窍

◎ 当学生正在努力完成长期的、以项目为导向的学习任务时，使用不同颜色的教具和材料非常有益。

◎ 在这种情况下，可以让学生用不同颜色标记来安排完成学习任务的过程，比如，用一种颜色标记在某一天完成的项目、用别的颜色标记另一些项目，以及用第三种颜色来标记需要再检查的项目，等等。

◎ 这种方法可以与"清单"和"光荣榜"等方法结合使用。

18.和家长沟通时经常传达积极好消息

| 随便发言 | 爱讲小话 | 粗鲁无礼 | 总是走神 | 容易放弃 |

😊 教你一招

对很多老师来说，一想到和家长联系，就会感到害怕、惊恐和焦虑。虽然那些行为不当学生的家长有时的确让老师觉得很难打交道，但是，要让学生纠正自己的行为，最好的方法之一就是和家长合作。

💗 如何实施

老师可以采用很多方式和家长沟通，比如打电话，发电子邮件，发手机短信，寄手写便条、明信片和简报，访问网站以及个别交谈等，这些都是和家长联系的有效方式。

老师应当制定一个计划，写下自己打算与学生家长保持联系的特定时间和方法。在和家长联系讨论孩子的表现的时候，一定要记得也带去一些好消息，谈一谈你对那个孩子比较欣赏的一面。

所有的家长都乐意听到老师谈到他们的孩子表现优秀的一面。

花时间倾听家长说话，可以从他们的角度来理解孩子，你就知道能做些什么来帮助孩子取得成功。如果预期某一次和家长的谈话很难顺利进行，考虑先用笔写下谈话的要点，再跟家长联系。

⭐ 运用诀窍

◎ 要记住，家长有时候会为孩子的行为辩护，而且非常敏感，因为学校打来的电话带来的总是坏消息。大多数家长接到学校打来的电话，不是他们的孩子受了伤，就是惹了麻烦。因此，在和家长沟通时，你应当尽可能多地带去好消息、成功的迹象，以及表达你对孩子的欣赏。

◎ 将"与家长沟通"的方法和"及时给予表扬与祝贺""用图表记录学习成果"或"光荣榜"等方法结合起来使用效果更佳。

◎ 让家长有机会来参观课堂，以便他们亲眼看一看课堂上都发生些什么。

◎ 在和家长沟通的时候，记录下你所采用的方法、联系的日期、你进行各种尝试之后的结果，是非常有益的。

19. 学生有进步时及时给予表扬和祝贺

| 随便发言 | 爱讲小话 | 粗鲁无礼 | 总是走神 | 容易放弃 |

教你一招

每个人都会感激别人对自己的真诚表扬。当老师花一些时间，定期对学生给出积极的评价时，整个课堂环境以及学生个人的表现都会发生很多奇迹般的变化。

如何实施

表扬学生热爱学习、态度端正，或者就某些目标的实现而表示祝贺，可以激励很多孩子。除了增强孩子的学习动力，表扬和祝贺还能告诉那个孩子，他的努力和长处已经得到了老师的注意和重视。有些学生之所以表现出不恰当的行为，是因为他们和老师之间缺乏一种稳固的、有意义的联系。

对某些学生来说，可能要付出更大的努力才能发现自己积极的品质或行为，但老师的评价不一定局限于学生的成绩或者与学校有关的方面。比如，真诚地赞扬一下学生的新发型或者新鞋子，或者祝贺他们在运动场上取得好成绩。这有助于发出这样的信息：除了在课堂上的表现之外，孩子们在别的方面的优秀表现同样也很重要。

运用诀窍

◎ 有些学生可能对获得的表扬或认可十分敏感，因为他们过去常常得不到表扬，还不知道如何接受它，或者他们期望老师悄悄地表扬。

◎ 在那种情况下，一定要只当着学生个人的面表扬，而且要正面表扬，不要随后加一些期待学生将来改变行为的话。简单地给出真诚的表扬和认可，同时告诉学生：你很重视他，他对你很重要。

◎ 这种方法可以与"简洁明了、给予肯定、保持距离""热情招呼，细心观察"或者"对学生的行为量化打分"等方法结合使用，或者作为一种"与家长沟通"的方法。

20. 和学生用物品做个约定约束行为

随便发言	爱讲小话	粗鲁无礼	总是走神	容易放弃

教你一招

用物品做个约定，用的是真实存在的物体，它代表一个主意、一项任务、一种期望，或者一个思维过程。很多容易冲动的学生很快就忘了老师口头的提示或反复强调的指令，但如果针对学生行为的提示物是一种真实具体的实物时，他们就会做出反应。

如何实施

这种方法的有效之处在于，孩子能够接触、操纵和使用一个实物，提醒他们自己什么是应做的行为，因而不用老师再经常进行口头的强调。正因如此，这种客观存在的实物，不一定要精心制作或者价格昂贵。

用作约定的物品可以是学校里常见的，比如铅笔和橡皮，绳子、橡皮泥、小石头之类的简单的东西，或者是学生特地制作的东西，比如说带有图画的卡片等等。

例如，倘若有一位学生在上课期间总是不经举手就脱口而出说出答案或提问，你可以跟他单独谈心，告诉他需要在上课期间遵守哪些规则、你对他有一些什么期望，并且给他一张小卡片，在上面写下"请先举手再回答问题"。你可以向学生解释说，这张卡片就是为了提醒他，他想参与课堂的学习活动时，要先举手。要求学生在上课时使用那张卡片。

下课后，老师要么可以收集类似那样的"具体提示物"，要么要学生好好保管。重要的是及时向学生了解这种方法的效果如何，需不需要进行适当的修改和调整。

⭐ 运用诀窍

◎ 要记得和学生讨论这个过程，并且帮助他理解怎样使用这个小小的提示物。要让这个过程变得妙趣横生，而且允许孩子们提建议。

◎ 对学生解释说，每当他们碰到、看到或用到"具体的提示物"，就要在自己的脑海里回忆一下期望的行为。

◎"使用不同颜色的教具和材料"以及"发言卡片"，也是"具体提示物"的示例。

21. 让学生给老师打分以收集教学反馈

| 随便发言 | 爱讲小话 | **粗鲁无礼** | 总是走神 | **容易放弃** |

教你一招

学生，尤其是那些表现出不恰当行为的学生，可以对老师就课堂教学和学习环境的有效性提供宝贵的反馈。

在很多课堂里，有关成长、进步和有效性的反馈，往往只是由老师向学生提供的。而这种方法要求学生来评估老师讲的课，目的是为老师提供反馈。

如何实施

这一方法通常可以针对所有学生使用，对那些喜欢挑战权威或者公然挑衅课堂纪律的学生使用尤其有效。在运用这一方法之前，首先创建一个工作表或列一个提纲，把问题列举出来。跟学生谈心，比如这样对学生说："伯基，我的目标是成为一位更优秀的老师，我觉得你比别的同学更适合来评价我讲课的好坏。"

要求那位学生就一些问题或陈述提供反馈，例如：

我的老师提供了明确的指导。	1 2 3 4 5
我的老师关心我。	1 2 3 4 5
老师上的课和组织的学习活动很有趣。	1 2 3 4 5
老师在班里平等对待每一位学生。	1 2 3 4 5
我的老师上课条理清晰。	1 2 3 4 5
老师给出的评价既公平又准确。	1 2 3 4 5

⭐ 运用诀窍

◎ 取决于学生个人的实际情况，考虑将一些开放式的问题包含在类，比如："我希望这个班级进行改革的一件事情是……"

◎ 让学生给老师打分非常有效，因为它们可以开辟另一条沟通渠道，但是，如果学生觉得老师的讲课不好，给出了负面的评价或评论，那么他提供的反馈绝不应当成为惩罚他的依据。

22. 清晰描述期望帮助学生理解要求

随便发言　爱讲小话　粗鲁无礼　总是走神　容易放弃

教你一招

老师在描述要求时，应当使用清晰准确的指令，来帮助学生理解老师对他们的期望到底是什么。

如何实施

模糊不清地表述老师的要求，往往会让学生对老师的期望没有把握。描述要求，并不是要描述学生不恰当的行为（这有可能变成一种抱怨，例如，"你到现在为止还没有开始去完成你的作业！"），要用很多描述性的词语，来描述学生应当采取的行为，以帮助学生理解他们的责任。

例如，你可以说，"莱斯利，请立即开始做第19页上的第一道题。我要请你解释，政府在制定预算的时候，每一个负责执行的分支机构的职责是什么。有些信息我已经在几分钟之前讲过了。"用特定的词语来清晰准确地描述要求，有助于减少和消除学生由于缺乏理解而导致的开小差行为。

⭐ 运用诀窍

◎ 明确的指导，包括看得见的提示和"设立特定的时间界限"，有助于"清晰准确地描述要求"这一方法的使用。

◎ 在和学生谈心的时候，老师应当自始至终控制自己的声调。在描述要求时，要尽可能避免说一些令人烦恼的、充满敌意的，或者狂躁不安的话。

◎ 有些老师在对学生的行为提要求时，总是做出一般化的判断式表述，比如"开始动手""继续进步"或者"再刻苦一些"等，对这样的老师，描述要求这种方法是一种非常有效的工具。

◎ 当学生的心思没有放在学习任务上时，不要问一些以"为什么"开头的问题。如果你问："你为什么不做作业？"，会让学生理解成一种斥责，通常促使学生为他们的行为说谎或找借口。

23. 清除教室内多余装饰物提高专注度

| 随便发言 | 爱讲小话 | 粗鲁无礼 | 总是走神 | 容易放弃 |

教你一招

在课堂内，有很多的张贴物、可视图片，加上随时都在开展一些动态的、连续的学习活动，可以说是一种过度刺激的环境。对某些学生来说，老师可以做得最好的一件事情就是减少或者移除令学生分心的东西，帮助他们聚精会神地学习。

如何实施

在改善课堂气氛和环境的时候，老师应当深思熟虑。过于喧嚣嘈杂、缺乏组织的课堂，可能导致学生分神和泄气。对老师来讲，最迫切的是认真考虑课堂环境，并思考它怎样影响到学生的学习及保持专注的能力。

在帮助那些容易开小差的学生时，可以考虑的因素包括课桌椅的摆放、教具的位置、划分工作站或公共区域等等。除了仔细考虑教学环境，也要帮助学生安排好他们的学习空间。要帮助学生找出是哪些东西、行为或情形令他们无法集中精力，并且提供一些别的工具，比如说耳机或"秘密空间"等。

⭐ 运用诀窍

◎ 老师应当成为学生的榜样，并让他们的学习空间和课桌保持清洁和整洁。

◎ 尽可能少贴海报、墙报等容易让学生分心的材料。

◎ 这一方法的目的是通过各种过程来培养学生的习惯和技能。因此，除了指出什么东西可能是让学生分心的东西，还要鼓励学生自我反思，让学生来考虑什么东西可能让他们分心，并帮助他们一起讨论出解决的办法，或者要他们制定出个性化的目标。

24. 适当活动和游戏增加课堂趣味性

| 随便发言 | 爱讲小话 | 粗鲁无礼 | 总是走神 | 容易放弃 |

教你一招

简单而短暂的身体活动和游戏，可以作为在课堂中提起学生精气神、帮助他们更加专注并且为课堂增加趣味的宝贵工具。

如何实施

很多学生跟大多数成年人一样难以在长时间内保持专注。一些身体活动可以刺激大脑，并让学生做好学习的准备。当学生的情绪低落时，他们可能难以集中精力，把心思保持在学习任务上。那种情况下，运用特定的、简短的身体活动，使学生暂时离开他们的座位，并在课堂里活动开来是个不错的调剂方法。

有一些简单的游戏，比如抛球、伸展运动、唱歌等，会让学生变得生机勃勃，并且提升他们专注于学习任务所需的"精气神"。这个时候，可以将这些小活动与教学内容结合起来。例如，把白板放到学生的课桌上，给他们出示一则提示或者提一个问题。学生解答完了题目之后，让他们走到或者蹦到教室的其他位置。随后再写出另一个新的问题或提示。这样做一方面提起了学生的学习兴趣，一方面练习了所学的知识。

⭐ 运用诀窍

◎ 活跃课堂的活动和游戏并不一定要很长才有效。围着教室走一圈、站起来做一下伸展运动，或者交换一下座位，也是有效的做法。

◎ 在运用这种方法之前，要仔细考虑一下教室的布置，确保有空间来做这些活动和游戏。

25. 充分调动好奇心吸引学生仔细倾听

| 随便发言 | 爱讲小话 | 粗鲁无礼 | 总是走神 | 容易放弃 |

教你一招

调动学生好奇心的目的是着重于集中学生的注意力，并帮助学生理解为什么他们应当参与学习、完成某一任务，或者全身心地投入到学习中。

如何实施

我们面对的某些行为不恰当的学生非常需要理解参与的意义。因此，老师应当运用调动学生好奇心的方法有意识地制造一种吸引学生倾听和集中注意力的倾向。也就是说，有一些表述，可以让学生天生的好奇心油然而生，仔细地倾听。调动学生好奇心的方法，可以是问一些问题、描述一些统计数据、讲述某个故事情节、或者讲一些个人的经历。可以对学生说下面这些话：

◎ 是不是有人碰到过这种情况？

◎ 最近的调查发现,78%的中学生相信这一点。

◎ 让我跟你们讲一讲昨天发生在我身上的一件非常奇怪的事情。

◎ 你们以前有多少人想过这个？

◎ 核实一下，这真的很有意思。

◎ 我会告诉你们一些非常重要的东西，随后你们会感谢我的。

◎ 让我们做个实验。我不确定它最终的结果是什么，但让我们先试试看。

◎ 我有一个好消息，但也有一个坏消息。

◎ 你们想不想知道在这个班级里获得高分的秘密？

⭐ 运用诀窍

◎ 说"这道题会出现在测试中"可以有效地调动学生学习的积极性。然而，我们大多数表现出不恰当行为的学生并不关心测试，而且，类似这样的话如果说得太多，会失去它的效力。

◎ 调动学生好奇心的方法可以通过运用与学生密切相关的、看得见摸得着的实物，当前的事件或者现实生活中的情景来得到强化。

◎ 有效地运用调动学生的好奇心的方法，其效果是立竿见影的。你会注意到学生的姿势、态度和注意力会马上改变。

26. 真诚地向学生发出邀请提高参与度

| 随便发言 | 爱讲小话 | 粗鲁无礼 | 总是走神 | 容易放弃 |

教你一招

几乎每个人都渴望自己获得真正的邀请，去参加一场有意义的或者有趣味的活动。有些学生会对老师发出的参与学习任务或课堂活动的真诚邀请给予积极响应。

如何实施

这种方法是不是有效，取决于老师和学生之间就参与的重要性而进行的单独谈心的效果。然而它不只停留在邀请学生参与上，同时为学生提供了一些特定的参与方式。

在和学生探讨的时候，要对学生表达出你真正的关切和渴望。概括地描述课堂时间中的一些策略、任务或目标，并表示你充分相信他积极参与学习的能力。如果有必要的话你可以"不断增强学习任务的相关性"，并且解释为什么学生的参与如此重要。

在上课期间，给学生安排一些特定的任务或工作去做。比如，老师可以要求学生观察自己提问的次数、在提问时等待回答的平均时间，或者观察老师有多么经常地直接回答学生的问题。

⭐ 运用诀窍

◎ 这种方法与"让学生尝点甜头""5分钟的焦点讨论小组"或"事先列个提问列表"等方法结合时，能产生很好的效果。

◎ 可以考虑采用聚会的方式活跃课堂。在想着是不是接受某个聚会的邀请时，很多人都想知道类似下面这些事情：这次聚会是哪种类型的聚会？还有些别的什么人参加？我喜不喜欢那些人？我是不是要带点东西去参加？我们在聚会时都做些什么？我应当在聚会中有着怎样的表现？当这些问题都得到了恰当的回答时，接受邀请的可能性就会增大。

27. 与学生进行眼神交流让他专心听讲

随便发言　爱讲小话　粗鲁无礼　总是走神　容易放弃

教你一招

老师直接看着学生，跟学生进行简短的眼神接触，是一种极其简单但却十分有效的方法。如果得到了有效地运用，它可以成为帮助学生重新集中注意力或改变不恰当行为的既快捷又能"悄悄进行"的好方法。

如何实施

与学生进行眼神交流，并不是老师朝行为不恰当的学生瞪眼，而是可以作为一种个人与个人之间的联系方式，以及对学生的行为、状态或行动的一种确认。

通常情况下，采用瞪眼睛方法的老师往往会向学生传达负面的、甚至是愤怒的信息，它代表着这样的内涵："赶紧停下来，否则你就有大麻烦！"另一方面，有效的眼神接触，既可以用于确认学生在开小差，也可以显示老师已经注意到学生正在专心听讲。

当学生有些什么事情值得老师确认时，无论是好的还是坏的，老师都可以与之进行简短的眼神接触，然后再点点头、竖起大拇指重新指导，或者进行讲述。这种方法向学生表明老师知道课堂里正在发生什么。

⭐ 运用诀窍

◎ 如果学生对老师的眼神接触没反应，考虑增加"慢慢走近学生"的方法。这两种方法都不需老师费太大的精力，但却能够收到很好的效果。

◎ 考虑将"与学生进行眼神交流"的方法和"与家长沟通""表扬和祝贺"或"光荣榜"等方法结合使用。

◎ 注意，不要让眼神接触的时间太长，因为它可能会让学生感到不自在，并且无意中发出别的信号。

28. 通过5分钟焦点讨论让学生提建议

| 随便发言 | 爱讲小话 | 粗鲁无礼 | 总是走神 | 容易放弃 |

教你一招

这种方法让老师可以从学生那里获得对课程内容、教学方法或课堂环境的认识、看法、建议等宝贵的反馈信息。

如何实施

在一节课的时间里留出几分钟时间询问一下学生，看他对不久的将来要学习的主题、下一堂课或下一个单元有什么样的看法。这样的讨论往往要私下进行，因为它的目的是真正衡量学生对课程的重点内容或方法有多大的兴趣。让学生说出自己的想法，以便知道怎样改进课程内容、改善教学方法，或者怎样教好核心内容。

比如，老师可以这样说："汤姆，明天我们会开始上有关长除法的课。我知道，有些同学觉得长除法并不重要，尤其是我们现在都有计算器了，犯不着麻烦地用笔去计算。对我们应当怎样开始上这堂课，我已经有了一些主意，但我真的很想听听你的建议。我们首先看一段视频，还是画一张表格，或者在黑板上列几个例子，再来开始上这堂课？你觉得哪种方法好？"收集到了学生的建议后，将他的点子融入到课堂教学之中。

⭐ 运用诀窍

◎ 如果这堂课上得不成功，或者全班学生没有很好地理解课程的内容，那就不要公开地赞扬那些参与了5分钟焦点讨论小组的学生。

◎ 不管是不是公开表扬学生，这种方法有助于老师和学生建立密切的关系，同时也有助于提高学生的信心，让他们觉得自己的建议可以为班级做贡献。

29. 轻视分数重过程学生才会积极响应

随便发言　爱讲小话　粗鲁无礼　总是走神　**容易放弃**

教你一招

有些不愿意学习或在学习时容易放弃的学生，并不会对以分数、奖励或者赢得的特殊权利等为形式的外在激励措施反应强烈。尽管那样，很多老师仍然坚持找一些"事情"来激励这些学生付出更大的努力。事实上，当老师关注的重点从学习任务完成的结果转向学习的过程时，大多数学生会给予积极的反应。

如何实施

在和学生谈心、互动以及鼓励学生时，重点关注学生的进步，向学生表明，参与学习、刻苦学习和完成学习任务会怎样促进他们个人的成长。

不要太看重学习的结果或成绩，而要着重强调学习和参与的过程怎样与学生个人息息相关、多么有趣，或者多么有意义。也就是说，不要太注重学生获得了什么或者实现了什么，而要更加注重他们在学习的过程中会有怎样的个人体验。

当老师充分运用了学生的兴趣，并且让学生们感受到很有吸引力的体验时，他们对此的印象尤其深刻。例如，面对一位痴迷于艺术和绘画的学生，老师可以指出，他能够通过绘画享受到学习过程的乐趣。

⭐ 运用诀窍

◎ 当老师运用"及时给予肯定和反馈""不断增加学习任务的相关性"以及"调动学生的好奇心"等方法的时候，可以增强"重点关注学生的进步"这一方法的效果。

◎ 随着学生自信心的增强并且乐于承担更多的风险，要帮他们理解学习的过程（以及他们的参与）与最终的学业成绩之间的关联。

30. 送学生小礼物传递积极正能量

随便发言	爱讲小话	粗鲁无礼	总是走神	容易放弃

教你一招

以实际的礼物为形式的小小奖励，可以向那些行为不恰当的学生发出强大的积极信号。

如何实施

几乎所有的学生都喜欢礼物，尤其是那些意想不到的礼物。对那些行为不恰当的学生，送给他们实实在在但却价格低廉的小礼物或艺术品，可以让他觉得自己在老师心目中很重要。送出的小小礼物，可以发出这样简单而有力的信号："我看到这件礼物的时候心想，你也许会喜欢它的。"比如说，老师也许知道某位学生喜欢乐高玩具，并且碰巧看到了一本关于乐高玩具的目录册、杂志或者一篇文章，把它买下来送给那位学生。价钱并不贵，但这件小小的礼物产生的正面作用，却是无法衡量的。

学生对这件礼物的反应，可能首先是感谢，随后将转变成在课堂里更加努力、更加尊敬老师团结同学，或者自尊心得到了增强。不过，如果学生对你送出的礼物并不是那么兴奋异常，也不要有"伤不起"的想法。有些学生并不会像老师预期的那样，对老师送礼物的行为表示非常感谢。

⭐ 运用诀窍

◎ 送礼物给学生，不应当抱着"贿赂"或"操纵"的目的去做。给学生送小礼物的目的，应当是加深信任、加强沟通、提升学生的信心。送礼物给学生，不应附加一些条件、威胁或让学生产生负罪感。

◎ 要记住，礼物不必很昂贵。通常情况是一些小小的东西，价格便宜，但却能产生最大的影响。一堆图画卡片、一件小小的玩具、一本旧杂志，或者是你在集市上买的动物玩具等等，都可以用来作为礼物。送出这样的礼物给学生，可以让学生们知道，你在想着他们。

◎ 在考虑运用这种方法时，跟你的学校领导商量一下。有些学区也许对老师送礼物和收礼物的行为有一些禁令。

31. 给完成要求的学生准备点有趣小事

| 随便发言 | 爱讲小话 | **粗鲁无礼** | 总是走神 | 容易放弃 |

教你一招

通常情况下，只有那些"好"孩子才有机会帮助老师收作业、当值日生，或者在班里当上班干部。可以尝试让那些行为不恰当的学生有机会展示自己的组织与合作才能，成为老师期望的行为榜样。

如何实施

大多数课堂都有一些任务和杂活儿需要学生去做。这些事情可能包括递一下作业本、收齐已做完的作业、辅导周围的同学、打开教室门，或者照顾班上喂养的宠物等等。在考虑让那些行为不恰当的学生做哪些事情时，要着重观察学生不当行为的性质，并且给他一些能够高质量完成的事情去做。由于成功往往会激励学生，因此，一定要让学生理解他的责任，并且让他有机会在一种安全的环境中去做这项新的"工作"。

很多行为不恰当的学生在做出那些不恰当的行为之后，难以用语言来表达他们的挫折感和悔恨。当老师安排这样的学生做一些事情时，就帮助他们去做一些能让他明显表达内心歉意的事情，这样可间接地表达老师希望他们今后改正的愿望。

例如，老师可以这样说，"我知道你对自己的行为感到很抱歉，但也许你不愿意去谈论这件事情。这样，你能不能帮我做一些事情，去把同学们的书都收到讲台上来。"

⭐ 运用诀窍

◎ 在考虑给行为不恰当的学生哪些事情做时，征求一下学生的意见，并问他哪些事情最有吸引力。

◎ "找点事情给学生做"的方法，可以与"心平气和地和家长沟通""对学生的行为量化打分""跟踪观察课程"或"光荣榜"等方法结合使用。

32. 用曲线图记录学生的进步

| 随便发言 | 爱讲小话 | 粗鲁无礼 | 总是走神 | 容易放弃 |

教你一招

如果老师用"看得见摸得着"的方式来展示学生的学业及行为方面的特长和需要，大多数学生都会因此受益。用图形来记录学生的进步和成长，可以帮助学生真切地感受到他们的成就及对学习过程的控制。

如何实施

和学生单独谈心，以便讨论他成长的目标、老师对他行为方面的期望，以及改进的方法。向学生解释说，你会和他一道跟踪观察他做出积极行为的次数。比如，你可以说："马克斯，这个学年以来，我们一直在教大家怎样在课堂上礼貌和善意地对待其他同学。我们现在开始画一个图，来记录你每天礼貌和善意对待其他同学的次数。"教那个学生用一种方法来记录他自己的行为，并示范如何创建一个简单的图表来显示他的进步。

⭐ 运用诀窍

◎ 把那些图表保存在文件夹中，以便显示那位学生随着时间的推移而成长的步伐。

◎ 有时候，学生并没有哪些积极的东西可以记录。如果是那样，你可以不失时机地跟那位学生谈一谈他应当做出怎样的改变，并把你的期望和纠正的措施告诉他。

◎ 如果学生的确出现了积极的成长和进步，要允许学生跟学校里其他人分享这些图表，比如说校长或者德育老师。

◎ 运用图表和数据来"跟家长沟通"，或者制订"个性化的目标"，或者与"光荣榜"的方法结合使用效果更佳。

33. 热情地和学生打招呼并用心观察

| 随便发言 | 爱讲小话 | 粗鲁无礼 | 总是走神 | 容易放弃 |

教你一招

有些学生承载着家长的巨大希望来到学校学习。他们也许由于家里、上学途中或其他课堂上发生的事情而觉得压力重重、焦虑不安或者担惊受怕。

老师应当养成每天都跟每一位学生打招呼的习惯，并细心观察他的脸部表情、身体语言和态度。

如何实施

当学生们进入教室、站在门外的时候，跟他们一一打招呼，并且观察他们的情绪状态。目的之一是在他们进入教室之前，就察觉某位学生是不是会表现出问题行为或可能的消极态度。

通过观察学生在教室门口的行为，老师可以为成功而有效地上好一堂课而做好心理准备。然而"热情招呼并细心观察"的方法并不只限于那些行为粗鲁无礼的学生。有些害羞、犹豫不决和觉得自己很失败的学生，如果老师在他们进门的时候对他们说"你好，很高兴你在我的班上"，也会觉得非常高兴。

⭐ 运用诀窍

◎ 如果只是告诉那个学生"不要把坏习惯带进教室"，不可能改变学生的态度和看法。

◎ 在帮助学生改变的时期，尽管老师由于要完成很多任务难以每天都站在门外，但是为了让学生们在课堂里表现优秀，老师要把跟学生打招呼当作每天要做的第一件事。

◎ 很多行为不恰当的学生往往从大人那里获得很多负面的反馈和评价。因此，他们可能在进入教室的时候，本来以为老师只会斥责、惩罚或纠正。如果是那样就不仅要"热情招呼和细心观察"，而且还要提出适当的"表扬和祝贺"，帮助学生在开始上课时有一种积极的体验。

34. 允许学生带上耳机隔离干扰

随便发言	**爱讲小话**	粗鲁无礼	**总是走神**	容易放弃

教你一招

允许学生带上耳机，是帮助隔离教室里其他噪声的一种有效方法。它们有助于学生聚精会神地学习，同时也让他们有一种实用的工具来隔离噪声。

如何实施

不论课堂的环境多么有条不紊，多么有助于学生的学习，总有些时候，一些噪声、动作和活动令某些学生无法集中精力。通常是在独立的或小组合作学习的时候，孩子们会为课堂里的活动分心。在那些时候，可以允许学生带上耳机，隔离那些令他们分神的噪声。耳机可以成为噪声的"缓冲器"，帮学生隔离身边的噪声，集中精力完成手头的学习任务。

当周边环境的噪声最小时，学生才能更加专心、更加高效。除此之外，耳机也可以作为一个"具体的提示物"，告诉学生要继续专注于他们的学习任务。

⭐ 运用诀窍

◎ 运用这一方法，只需要价格便宜的耳机就可以了。由于使用耳机的目的并不是消除所有的环境噪声，因此，它们甚至不必插入到电子设备上。

◎ 学生在使用耳机时，要制定一些相应的规则和程序，并且规定在不用的时候把耳机放在什么地方。

◎ 耳机还可以用来提醒其他学生，不要打扰正戴着耳机的同学，也不要跟他们说话。

35. 用幽默营造引人入胜的课堂环境

随便发言	爱讲小话	粗鲁无礼	总是走神	容易放弃

教你一招

笑话、谜语、小故事以及名人名言可以营造引人入胜的课堂环境，调动学生的学习热情。有效地运用幽默，可以激发学生的学习动力、增强小组的凝聚力、缓和紧张的气氛、培育积极的师生关系，并且减轻学生的压力。

如何实施

对那些行为不恰当的学生有效地运用幽默，老师不一定非要成为喜剧演员。你可以采用下列方式来有效地运用幽默：

◎ 在课堂中用一些有趣的奇闻轶事，作为集中学生注意力的方法。

◎ 用小笑话和俏皮话来缓和紧张的气氛。

◎ 找一些有趣的小故事或幽默故事，在课堂气氛紧张的时候运用。

◎ 乐于拿自己的错误开玩笑以及自我解嘲，不要表现得太严肃。

◎ 将幽默、笑话或故事融入到每天早晨的日常学习之中（例如开展"每天一个笑话"活动）。

⭐ 运用诀窍

◎ 不应把讥讽和幽默混为一谈。讥讽不应当进入课堂，即使是对那些看起来能够理解其含义的学生，也不能使用讥讽。事实上，讥讽对课堂环境会产生极为恶劣的负面影响。

◎ 考虑将幽默这种方法与"热情招呼并细心观察"以及"让学生致力于正确行为"的方法结合使用。

◎ 要记住，一个人的幽默感是随着时间的推移而增强的。有些学生，特别是年龄大一些的学生，会错误地运用幽默，说一些粗鲁或不好的笑话。除此之外，男孩子们似乎觉得那些不太复杂的粗鲁行为特别有趣。在那些情况下，找机会告诉学生幽默的力量，以及哪种类型的幽默、笑话和喜剧故事是合适的。

36. 用"我告诉你……"句式帮助理解

| 随便发言 | 爱讲小话 | 粗鲁无礼 | 总是走神 | 容易放弃 |

教你一招

这种方法在不使用斥责或争论性语言的前提下，帮助学生理解他们的行为会怎样影响到周围的同学。

如何实施

"我告诉你……"这种方法通常接一个这样的句型："当你……的时候，我会觉得……，因为……"。比如，老师可以这样说，"当你在教室里轻率地跟别人说话的时候，我会觉得很失败，因为我不得不停下讲课，来提醒你注意自己的行为。"同时，采用这种方法还可以帮助学生成功地向别的老师或同学交流思想和感想。

这种方法有助于促成有意义的对话，而且可以将课堂中出现的问题"降温"。学生与学生之间运用这种句式来说话时，有一个这样的例子："当你不理我的时候，我觉得很受伤，因为我觉得我们是朋友。"这种方法还可以作为一种解决问题的方法来使用，它让学生和老师可以迈出沟通的第一步，帮助双方更有效地沟通。

⭐ **运用诀窍**

◎ "我告诉你……"句式也可以随后接一个传达老师期望的请求。比如，老师可以说，"当你们在课堂里轻率地讲话时，我会觉得没有受到尊重，因为你们违反了我制定的课堂纪律。从现在开始，我希望你们在想要参与学习的时候，先举手，后回答。"

◎ 学生们也许找不到合适的词语来适当地表达他们的感受。重要的是，教学生们"感受"这些词语，有助于他们以一种尊重别人的方式来表达自己的想法。

37. 用"如果……那就……"句式确定目标

| 随便发言 | 爱讲小话 | 粗鲁无礼 | 总是走神 | 容易放弃 |

教你一招

"如果……那就……"句式是一个不带威胁的简明清晰的句子，有助于学生理解老师期望的行为是什么，以及如果没有遵循那样的期望可能面临怎样的后果。

如何实施

老师使用"如果……那就……"句式，可以帮助学生理解课堂中的规则、程序和期望。

运用特定的、具体的词语，加上明确的时间界限及明确的指导，老师可以表达出他对学习成果或行为的期望。这方面的一个例子是："如果我继续听到不礼貌的语言，那就会……"一定要记住，句子中"那就……"的部分，不能带着愤怒或讥讽的语气来说，而且不能只注重如何惩罚。如果你只注重如何惩罚，会让学生感到害怕和焦虑，而且可能会削弱学生清晰思考的能力。"如果……

那就……"句式让目标清晰，还能以积极的方式使用，只要老师把"那就……"的部分换成任何一种可以通过优秀表现而赢得的权利，就可以了。

⭐ 运用诀窍

◎ 在重新引导行为不恰当的学生时，老师们自己通常会感受到强烈的情绪。这个时候，老师应当用平和的声音、自然的身体语言，以及怀着学生会做出正确选择的期望，来运用"如果……那就……"句式。

◎ 要记住，一定要让"那就……"中的结果与前面的原因相关联，而且是一定会出现的结果。如果老师没有说到做到，那么，学生们马上会意识到老师说的话不算数。

◎ 将这一方法和"简洁明了、给予肯定、保持距离""我还会来检查"或者"我告诉你……"等方法结合起来使用效果更佳。

38. 对学生的进步及时给予肯定和反馈

| 随便发言 | 爱讲小话 | 粗鲁无礼 | 总是走神 | 容易放弃 |

教你一招

所有的学生，即使是行为不恰当的学生，都渴望老师就他们的进步、成长和状态提供反馈。这些反馈应是针对学生在校表现的准确信息，且不应与表扬、批评或建议混为一谈。有效的反馈可以让那些行为不恰当的学生在不担心受到斥责、取笑的前提下，清晰地认识到他们自身的行为。

如何实施

反馈和建议，是老师和家长通常容易搞混的概念。反馈是指描述对照某个特定的目标而衡量的学生表现，而建议是指学生在获得反馈后，为了改正自己的缺点应当做些什么。例如，如果老师布置的作业是独立写作，而学生没有把心思放在这上面，很多老师会说这样的话，"你要回到你的座位上，开始写。"那句话并不是反馈，而是建议。反馈通常不带有评估或者指令的性质，而是一种描述。

在那一例子中，有效的反馈是这样的："现在你没有坐在你自己的座位上，而我发现别的学生因为你的这一举动而分心了。"有效的反馈在性质上是及时的，对个人而言是具体的，同时也是简单直接和有益的。

⭐ 运用诀窍

◎ 不应当把表扬和反馈相混淆。单就表扬而言，通常是带有评估性质的，而且侧重于老师喜欢的、欣赏的或重视的方面。

◎ 虽然表扬有助于学生产生更好的感觉，但它很少帮助学生进步。经常表扬学生的老师，应当考虑接下来的每一次表扬都应该伴随着对值得表扬品质的具体描述。

◎ 老师可以将"及时给予肯定和反馈"的方法与"简洁明了、给予肯定、保持距离""如果……那就……"句式或者"你也许是这样说的……"句式这三种方法结合起来使用。

39. 忽略学生微小的不当行为可增加信任

| 随便发言 | 爱讲小话 | 粗鲁无礼 | 总是走神 | 容易放弃 |

教你一招

对某些微小的不恰当行为视而不见、故意忽略，实际上可以强化班级的文化，并且增强学生对你的信任。

如何实施

有些学生经常听到别人指出他们在学校里的不恰当行为。那些最具挑衅性的学生，甚至被别人公开嘲讽。他们对别人实际上是带着敌意的。有时候，学生出现了那些不太严重的分神，但却没有对课堂造成干扰其实是可以忽略的。在考虑哪些行为应当解决，哪些可以忽略的时候，考虑一下班级的现状，以及那种行为对其他学生的影响。

如果那种行为确实违反了纪律，但没有干扰到其他学生，它也许是可以忽略的。比如，如果某个学生未经允许离开了他的座位，是为了拿一件上课必需的学习用品，而且也没有影响到其他的学生，那么这时候"学会忽略微小的不当行为"也许是比较明智的。在那种情况下，老师如果口头警告，可能实际上导致全班同学出现更多分神的行为。

有些老师不无担心地说，忽略学生的微小的错误行为只会促使其他学生照着做。大多数情况下，这种现象不会发生。老师在教学实践中忽略那些微小但不对其他同学构成干扰的不恰当行为，实际上可以作为其他学生的榜样，因为他们会了解到，并不是每一种行为都需要被老师关注、评价或解决的。

⭐ 运用诀窍

◎ 可以被忽略的行为包括轻声讲小话（特别是在没有得到明确指导或做了长时间的作业之后）、嚼口香糖、眼珠滴溜滴溜转、坐姿不好等等。

40. 让学生选择先做想做的可增强信心

随便发言	爱讲小话	粗鲁无礼	总是走神	容易放弃

教你一招

要求学生"先做可能愿意做的事情，然后再做不愿意做的事情"，老师可以极大地增强学生专注于学习任务和相互之间通力合作的能力。

如何实施

想一想怎样训练关着的海豚去跃过水面上的绳子和障碍物。训练师首先把绳子留在池子的底部，每当海豚游过绳子一次，就奖励它一条鱼。然后，训练师会定期地抬高绳子，同样坚持每次游过之后就给予奖励，到最后，海豚甚至能够跳过水面之上的绳子了。

牢记这一点，当老师需要重新指导学生时，首先要他们去完成一项任务，或者做一件事情。这件任务或事情是要学生们觉得很有趣的，而且能够做好的。

比如，要一位交际能力强但喜欢多嘴的学生来整理班上的报纸或者跑跑腿，或者帮助别的同学。这位学生可能乐意去做这些事情，接下来，老师可以要他专心致志地完成一项学习任务。老师可以说，"感谢你为我做了那些事情。现在，请回到你的课桌上，完成你的阅读作业。"有些学生在积极地回应那些不愿做的事情之前，也许要做好几件愿意做的事情。

这种方法的目的是让学生去做一件他们不愿意做的事情之前，先通过那些他们乐意去做的事情而动起手来，积极响应，形成一种有益的心态。

⭐ 运用诀窍

◎ 这种方法与"分解学习任务""找点事情给学生做"或"让学生致力于正确行为"等方法结合起来，能够发挥更大的效果。

◎ 在运用这种方法之前，重要的是要了解个别学生的动机、行为规律和习惯。有些学生一直沉浸在消极的心态之中，很难换个角度来思考。至于怎样使学生摆脱消极的心态，参见"鼓励积极的自言自语"。

41.用具体的视觉听觉和感觉来描述期望

随便发言　爱讲小话　粗鲁无礼　总是走神　容易放弃

教你一招

这种方法让老师和学生都同样有机会来清晰地阐述期望。老师和学生用具体的词语来描述要求，以便每个人都能清楚地理解，在课堂中正确地参与学习，究竟看起来是什么样的、听起来是什么样的、感觉起来是什么样的。这种方法尤其有助于帮学生理解抽象的行为。

如何实施

老师和家长常常恳求学生全力以赴对待学习，但他们只有在老师的期望与他们自己的期望清晰且一致的时候，才会更加刻苦学习。

老师通常用抽象的、可让别人任意理解的语言来告诉学生他们的期望。比如，当老师告诉学生要"表现优秀"时，由于学生的背景和经验的不同，有的学生可能会这样回答，"我已经表现很优秀了：我没有打他！"

　　具体来说，这种方法是这样的：给学生提供一张带有三列的表格：其中一列标上"看起来的样子"，另一列标上"听起来的样子"，第三列标上"感觉起来的样子"。在表格的最上方，列举一种特定的行为，比如积极地与学习伙伴合作。和学生们一块探讨，让他们纷纷就你期望的合作学习的情形说出自己的想法。学生们可能会说，积极的合作学习，就是要经常帮助别的同学、跟同学共用记号笔等学习用品，以及使用"请"和"谢谢"之类的礼貌语言。

　　前面的两列——看起来的样子和听起来的样子——侧重于可以由学生和老师看到和衡量的外在行为。最后那一列——感觉起来的样子——列举学生们在达到这样的期望时内心是什么样的感想。比如，学生们可能会说，如果他们与同学们积极地合作学习，他们感到更加自信或高兴。

⭐ 运用诀窍

◎ 有些老师在全班同学身上尝试这种方法，作为在学年开始之时明确阐述班级规则的方式，收到了很好的效果。

42.使用两种有效的方法给学生减压

随便发言　爱讲小话　**粗鲁无礼**　总是走神　**容易放弃**

教你一招

焦虑，是人的身体对威胁或压力的反应，而这种威胁多是由于对未来的不确定而引起的。大多数行为不恰当的学生，不知道使用怎样的工具或技能来适当地应对焦虑情绪。当老师运用特定的、明显的方法来最大限度地减轻学生的焦虑情绪，并且教他们一些方法来应对压力时，就让学生养成了一些终生受用的技能。

如何实施

并不是所有的压力和焦虑都是坏事情，只有经常焦虑不安或压力重重的学生表现出来的行为才是有问题的。

有两种方式可以帮助那些容易出现焦虑行为的学生。首先，减少他们对考试分数、奖励和训导的依赖性。特别是要尽可能不使用"我、你"等代词，以及可能被理解为威胁的表述。比如说，"你最好是马上开始学习，否则，我一定会再打电话给你的爸爸妈妈。你不希望我那样做，不是吗？"这可能被学生理解为一种威胁。

其次，老师要教学生一些特定的方法来应对压力和威胁。深呼吸、适当的伸展运动、积极地自言自语、参加一些体育运动、听幽默的小故事等，都是应对压力的有效方法。

除此之外，在和学生单独谈心的时候，设法理解是哪些情形、哪些事件或哪些人可能让学生产生焦虑不安的情绪。

⭐ 运用诀窍

◎ "让学生尝点甜头""事先列个提问列表""老师批准的玩具"等方法有助于帮学生减轻压力，消除焦虑情绪。

◎ 仅仅告诉学生"冷静"或者"放松些"无法减轻他们心头的压力。

◎ 事实上，类似这样的话，当老师以一种威胁或讥讽的语调说出来时，反而会增大学生的压力。要有针对性地教学生怎样应对压力。

43. 找件事让学生走出教室去冷静一下

| 随便发言 | 爱讲小话 | **粗鲁无礼** | 总是走神 | 容易放弃 |

教你一招

这种方法使行为不恰当的学生有机会冷静下来、梳理他的情绪，或者保住他的面子。这种方法也可以让老师在保护孩子尊严的前提下处理某种问题行为。

如何实施

这种方法不应与强行把学生驱逐出教室的方法混为一谈。的确，在有些情况下，老师一定要把学生"请"出教室，但是，"请你先出去一下"的方法跟它有所区别。

首先，从学生的角度看，是学生自愿的，其次，这种方法是在老师和学生合作的前提下实现的。当学生无法集中精神或者纠正自己的错误行为时，私下里给他一个机会去办一件差事、上一趟卫生间，或者是为了一个特定的目的而离开教室。确认学生当时的状况，同时也确认他目前没有办法集中精力，就可以让学生有机会暂时离开教室一会儿。同时，也要让他知道自己会在特定的时间内再度返回教室，但要改变学习态度或者言行举止。

这种方法应当只在情况不算太糟的时候运用，而且只能在老师非常确定学生会返回教室的前提下运用。换句话说，不要让"请你先出去一下"的干预成为学生逃课的好时机。这种方法的目的在于让学生有机会去解决某个问题，然后再回到教室的时候，能够增强自己集中注意力的能力，也有了更大的积极性来参与学习任务。

⭐ 运用诀窍

◎ 当老师或学生中的任何一方很生气、很烦燥，或者处于盛怒之中时，不应当使用"请你先出去一下"的方法。这种方法与"滚出教室去！"之类的怒斥是不同的，而且，只有在双方都非常平静、老师对学生的状态真的很担心的前提下使用，才会有效。

◎ 将"请你先出去一下"的方法，与"用提问表示关心""用微笑缓解课堂压力"等方法结合使用效果更佳。

◎ 如果孩子不想离开教室，考虑采用"找点事情给学生做"或者"调动学生好奇心"的方法。

44.制定个性化的目标提高学生参与度

| 随便发言 | 爱讲小话 | 粗鲁无礼 | 总是走神 | 容易放弃 |

教你一招

当老师为学生提供了明确的目的、清晰的指令、有意思和相关联的任务，以及"个性化目标"的时候，学生的动机、参与度和行为，往往都会得到改善。

如何实施

向学生解释，各行各业的成功人士，都会确定和紧盯一些目标，作为衡量他们进步与成长的方法。这些目标可以作为激励他们的因素，也可以作为我们衡量进步和成就的尺度。其中最有效的目标是那些自我确定的目标。也就是说，它们是人们发自内心确定的，而且是依据人们感知到的需求和渴望而确定的。

跟学生共同探讨，集思广益地确定短期和长期目标。当这些目标与课堂中的专注度或行为相关联时，最好是帮助学生将目标限定为几个可以实现的目标。

"为学生制定个性化的目标"的方法，其真正的效力并不在于最后结果，而在于紧盯目标、提供反馈、开展探讨，以及实现了这些目标时的成就感。

　　如果合适的话，为学生提供一个目标列表，帮助他们用特定的语言，再结合特定的时间期限，把目标写下来。

⭐ 运用诀窍

　　◎ 老师可以向学生写出并分享他们自己的目标，以便模拟确定目标的过程。

　　◎ 短期的个性化目标可以在一个清单上列举，并且每日跟踪观察。这对那些需要老师提供即时反馈的学生来说特别有效，而且，当列表中的某一个目标已经实现时，可以激励学生去完成列表上的其他所有目标。

　　◎ 当学生达到了个性化的目标时，目标清单可以转换成"光荣榜"，并且给家长发一份。

　　◎ 要确保学生不会确定太多的目标或确定过高的目标。有些学生过高地估计了他们的能力，等到无法实现目标时，又会非常泄气。

45. 把抽象的要求定格为具象的照片

| 随便发言 | 爱讲小话 | 粗鲁无礼 | 总是走神 | 容易放弃 |

教你一招

如果老师把期望的行为转换成一个个的示例、证据，并拍摄成可视的图像，大多数学生会积极响应。留下影像证据，是一种运用图像和照片来展示和模拟期望行为的方法，对随便发言和爱讲小话的课堂纪律问题比较有效。

如何实施

收集一些用来示范期望行为（如轮流完成学习任务、分享学习笔记等材料、集中注意力等）的影像和照片，在文件夹或信封中整理好那些照片，或是把它们放在桌子上，方便学生们看到。为每张照片写一段简短的描述，或者进行命名，比如"排队的正确方式"等。

有些老师使用塑料卡片或者可以放在钱包里的那种小照片，给每个学生发一张。在为学生提供指导、支持或指南时，除了提供口头的教导外，还可以参照一下"影像证据"。

⭐ 运用诀窍

◎ 在选择什么样的照片时，一定要确保它们包含了积极的情绪。人类总是有一种趋势，容易受到身边人的情绪的感染。因此，照片和影像上的情绪，也容易使人受影响。所以，一定要确保这些照片或影像传达了积极的情绪信号。

◎ 有些老师选择把影像证据制作成海报并张贴在教室里，把它们放在教室的规则旁边。

◎ 有的学校在全校范围内采用了这种方法到处都张贴了展示期望行为的照片，例如，经过走廊的时候脚步要轻、买饭的时候不能插队拥挤等。

◎ 你可以考虑拍摄一些学生的照片，并用它们作为你班上"影像证据"的示例。

46. 事先列个提问列表鼓励学生思考

随便发言	爱讲小话	粗鲁无礼	总是走神	容易放弃

教你一招

这种方法可以鼓励学生参与大组和小组的学习活动，当老师问到学生的时候，学生有机会思考他们对问题的看法，以及该怎样回答。

如何实施

对学生来说，这一方法的目的是让他们在参与讨论的时候感到很适应，其最终目标是让孩子们在发言的时候充满信心。

在上课之前和学生单独谈心，并解释说，你为他们参与班级或小组的讨论想出了一种容易的方法。告诉学生该堂课的主题，然后为他列一个提问列表，这些提问是在课堂上或小组学习活动中要问到的。要学生告诉你，他喜欢回答哪些问题，如果有必要的话，让学生清晰地阐述。如果学生不是很自信，你还可以给出实际的答案或提示。再次强调的是，这种方法的目的是帮助学生树立信心，让他们朝着积极地参与学习活动而迈出第一步。

⭐ 运用诀窍

◎ 老师还可以选择"给出清晰的提示词"，让学生在回答的时候可以参考。

◎ 如果某些学生已经事先知道了老师要问的问题，有些老师很想知道别的学生是什么反应。这看起来有点像是忽悠别的学生，如果还为学生提供了答案，似乎对别的同学来说不公平。

◎ 重要的是要记住，这种方法的目的是让学生积极参与课堂活动，而不是评估学生。对于测试中的问题，就不要向学生提供答案，即使学生想在测试上得到更高分数，也不能给他们提供答案。

47. 鼓励积极的自言自语提升正能量

| 随便发言 | 爱讲小话 | 粗鲁无礼 | 总是走神 | 容易放弃 |

教你一招

鼓励积极的自言自语，是一种帮助学生用积极的内心对话来取代消极的内心对话的方法。

对大多数人来说，我们自己跟自己在内心说话，有助于制订计划、解决问题、思考各种选择或场景。然而，有些学生自言自语的主要是一种消极的对话。很多来自不良家庭和社会环境中的行为不恰当的学生经常听到身边的人对他们给予负面的、有害的评论，因此这些学生在他们自己跟自己说话的时候，不知不觉也受了影响。

如何实施

对学生解释说，我们每个人有时候都会自言自语，那样有助于我们思考和解决问题。有些时候，我们自己告诉自己的东西是消极的，要么觉得自己不可能成功，要么夸大了我们面前的问题。

要告诉学生，有时候我们必须抑制那样的声音，并且用积极的想法去代替消极的想法。

比如说，当某个学生觉得作业太多，有点让他喘不过气来，因此想放弃时，要让学生反复告诉自己，"那些作业没什么了不起，我能做好"或者"如果我花点时间并且寻求帮助，我知道自己能获得好的成绩"。教学生用积极想法代替消极想法的过程，是个很费时的过程，首先可能还得由老师发起。

这种方法的最终目的是让学生在内心养成一些正面、积极的习惯。

★ 运用诀窍

◎ 考虑将"鼓励积极的自言自语"与"用物品做个约定"（比如某支特别的铅笔）结合起来，并鼓励学生每次在用到那样东西的时候，就在内心不断鼓励自己。

◎ 能够用自言自语来管控自己的行为，是一项要随着时间的推移而不断发展的技能。由于我们某些学生缺乏那样的能力，因此，老师要模拟一些积极的表述，并且表示充分相信学生的能力，这些都极其重要。

48. 设立私密空间可以有效隔离干扰

随便发言　爱讲小话　粗鲁无礼　总是走神　容易放弃

教你一招

为学生设立私密空间，指的是在教室里找一个地方，让学生们有他们自己个人的空间，不会受到教室里一些事情的干扰而分心，在那里，学生们可以专心学习，顺利完成学习任务。

如何实施

为学生设立私密空间，应当是在学生需要专心致志完成某一任务、不被周围的事情分心，或者只是需要休息一下的时候，在教室里给他们留出一小块位置。

这个位置可以是教室里的一个特定位置，比如老师讲台上的椅子，或者是教室的角落里空出来的一张课桌等等。不过，它也可以是学生自己的书桌或学习空间。为了让它变得更加"私密"，学生可以用两个大信封把自己的学习空间围起来，使之更加封闭。这让学生感受到一个物理界限，而且有助于向其他学生发出信号——这位学生需要个人的工作时间，不要打扰他。

⭐ 运用诀窍

◎ "为学生设立私密空间"的方法也可以适当变通，学生也可以使用耳机来隔离周围的噪声。

◎ 有时候，那些被激怒或很心烦的学生，需要有一个空间来让自己冷静下来。这种方法给学生提供了他们自己的空间，并且允许他们在重新打起精神参与学习之前不用走出教室。

49.慢慢走近学生能悄悄纠正走神儿

| 随便发言 | 爱讲小话 | 粗鲁无礼 | 总是走神 | 容易放弃 |

教你一招

这种方法是指老师慢慢地靠近某个分心的学生，目的是帮助他再度专心于学习。老师的出现，往往会让嘈杂的课堂安静下来，这通常也是让学生重新专注于学习任务时的必要举措。

如何实施

好比司机碰到一辆警车开过来的时候往往会放慢车速那样，老师离学生更近一些，就是利用老师的威信来改变学生的行为。

当学生没有把心思放在学习上，或者是表现出某种不恰当的行为时，在不中断教学的同时慢慢靠近那个学生。只要老师走得更近一些，通常会给学生一种警告，从而导致他改变自己的行为。大多数情况下，对于那些走神或行为不恰当的学生，只要老师靠得更近一些就可以了，但老师还可以选择"及时给予肯定和反馈"或"简洁明了、给予肯定、保持距离"等方法。

注意，有效地运用"慢慢走近学生"的方法，与在学生周围徘徊、斥责或威胁学生并不是一样的。大多数情况下，这是一种非语言的方法，让老师在继续教学的同时纠正学生爱开小差的毛病。

⭐ 运用诀窍

◎ 对"慢慢走近学生"的方法，商业上有一个缩写词，即MBWA（Managing By Walking Around，走动式管理）。

◎ 在确定教室的具体环境（课桌、讲台、椅子、储物柜等）时，考虑一下它们是不是方便挪动。

◎ 要注意的是，如果是对那些粗鲁无礼的学生使用，这种方法可能会事与愿违。那些学生也许会把老师的靠近视为一种威胁，并且升级为和老师的对抗。

◎ 跟其他所有的方法一样，要在执行之前仔细思考学生不恰当行为的原因。

50. 用提问表示关心增强师生的沟通

随便发言　爱讲小话　粗鲁无礼　总是走神　容易放弃

教你一招

"表示关心的问题"就是用一句简单的、发自内心的问候，安抚学生的沮丧或失败。如果运用得当，这种方法可以打破障碍，帮助学生理解他们可以获得的帮助与支持。

如何实施

当你注意到某个学生难以集中精力的时候，真诚地对他问一个问题，比如"你还好吗？"或者"你今天看起来有点不对劲，有什么事情发生吗？"或者"我注意到，你现在的情况有点不对。你有些什么问题？"如果你是单独对那个学生提的，真心渴望帮助他，那他很可能希望你提供支持或帮助。

"用提问表示关心"传达了这样的信息：老师注意到了、关心并理解你的情况，同时，如果学生乐于接受老师的建议，老师可以随后再提一些问题，例如："如果我告诉你，其他一些同学是怎样面对这种事情的，你想听吗？"这样的对话有助于学生理解解决问题的各种方法和选择。

⭐ 运用诀窍

◎ "用提问表示关心"可以与"热情招呼并细心观察""请你出去一下""鼓励积极的自言自语"或"为学生设立私密空间"等方法结合使用。

◎ 如果学生对老师提出的"用提问表示关心"没有给予积极回应，他也许只是需要更多的时间来平复心情或反省自己，也或许那位学生只想一个人静一静。当学生极为焦躁时，也许适合运用"学会忽略微小的不当行为"的方法。

◎ 如果学生做出了积极的选择并改变了他们的行为，考虑运用"光荣榜"或"与家长沟通"的方法。

51. 不断增强课程相关度以调动积极性

| 随便发言 | 爱讲小话 | 粗鲁无礼 | 总是走神 | 容易放弃 |

教你一招

在课堂中，相关联的主题或问题往往最能激发学生的学习热情、让学生觉得趣味无穷，或者持续产生学习兴趣。当老师设法不断增强学习任务的相关性时，我们会发现学生的学习动力越来越强、行为举止越来越端正，态度越来越积极。

如何实施

策划相关联的、有趣的、好玩的课程和活动，目的在于帮助学生发现各种观点、事件或概念之间的联系。

太多的时候，老师急于讲课和完成课程的教学要求，反而忽略了课程的相关性。这个时候，有些学生表现得很好，能够自己将各种课程内容联系起来，也能搞懂课程的含义。然而，有些学生则不具备将各种知识联系起来的能力，也无法自己去理解知识的价值、意义和重要性。由于不得不学习他们觉得不相关或不重要的课程，很多学生就表现出消极的行为。

在教这样的学生时，要抓住一切机会告诉他们，课程的内容和各种学习活动怎样与他们的个人体验、目标、成功紧密相关。要运用老师自己个人的体验、励志的小故事、现实世界中的案例以及学生之间的相互交流，来不断强化知识的相关性。

⭐ 运用诀窍

◎ 不论年龄大小，所有的学生都对了解自己很感兴趣。因此，要利用自我评估、学习型总结以及个人的奋斗史来提高学生的学习兴趣。

◎ 问学生一些问题，比如"你会怎样来运用这些信息？"或者"这些信息会怎样影响你的思考？"等来帮助学生自行探索各种知识的相关性。

◎ 虽然更加注重相关性会令所有的学生都受益，但这种方法往往对那些性格平和的学生更加有效。

52. 通过对学生行为的量化打分跟踪进步

随便发言	爱讲小话	粗鲁无礼	总是走神	容易放弃

教你一招

量化打分是一种数字式的表现方式，通常以1~10个等级来表示，代表着学生在特定领域内的行为和学业表现。

如何实施

对学生的行为量化打分的方法并不是一种通用的方法，因此，它应当为个别学生或小组中的学生"量身定做"，以满足他们的需要。

这种方法之所以有效，在于它用真实的、可理解的、有意义的方式，表达了对学生行为的要求或期望。假设有一位学生说话声音太大，并且经常干扰其他学生的学习。老师不用对他说"你的声音太大了"之类的话，而是对他的行为打一个分。比如，老师可以这样对那位学生说，"如果我们用1至10分来衡量，其中10分代表全心全意地投入学习、安安静静、不出一点声的话，那么你现在大概只能得6分。"值得注意的是，在评价学生的行为时，尽量使他们的得分都在6~10分之间。如果你把学生的行为评为2分，尽管这一得分也许非常准确，但由于你给出的分数太低了，可能导致学生的行为进一步恶化。打6分，依然留出了很多进步的空间。

⭐ 运用诀窍

◎ 如果老师要求学生反思他们的行为对别人产生了什么样的影响，很多学生都能够进行自我评分。

◎ 老师可以问，"如果用1至10分来衡量，其中10分代表你非常专心地做作业，你觉得你现在能得多少分？"这种方法可以与"简洁明了、给予肯定、保持距离"或"及时给予肯定和反馈"的方法结合使用。

◎ 学生们也许觉得，将他们的得分用图表显示出来，是一种有益的方法。这让他们能够清晰地观察自己在哪些方面取得了进步，哪些方面需要老师更大的支持。

53. 让学生有权喊"弃权"减轻心理压力

随便发言　爱讲小话　**粗鲁无礼**　总是走神　**容易放弃**

☺ 教你一招

这一方法使得学生不必担心被老师选中回答问题、在不经意的时候被点名，或者无法准确地回答问题。

♥ 如何实施

尽管老师希望学生积极参与课堂活动，但有些时候，让学生有机会选择不参与课堂上某些部分的讨论，也是合适的。

虽然所有的学生都有责任学习和掌握课堂知识，但并不能强迫所有学生都公开参与班上的学习活动。在上课之前，告诉那个学生，他有权在某些时候说"弃权"。那就是说，有些时候学生可以选择不参加某项学习活动或者是该活动的某个部分。要向学生解释清楚，一旦他选择了这项权利，仍然应当认真听讲，并向班上的其他同学学习。

让学生有权喊"弃权"，通常指的是学生可以选择参加大组学习活动，比如回答问题、公开回应，或者和学习伙伴分享。学生依然要对自己的学习负责，他只是选择以不同的方式来表达所学的知识。

⭐ 运用诀窍

◎ 由于有权喊"弃权"是一种权利，因此，不应当让学生在运用那一权利时产生负疚感。

◎ 如果学生太过频繁地这样选择，考虑运用"让学生尝点甜头""事先列个提问列表"或者"给出清晰的提示词"等方法来帮助学生。

◎ 这种方法重视这样一个事实：学生对他们的生活有选择和控制权，并且他们能够为自己做出学习方面的决定。

54. 通过约定秘密信号纠正学生行为

| 随便发言 | 爱讲小话 | 粗鲁无礼 | 总是走神 | 容易放弃 |

教你一招

和学生约定秘密信号，是老师向学生传达秘密信息的一种方式。这些信号以及它们的含义，通常只有老师和那个学生才知道。它们用来传达非常特定的信息，而且老师在运用这些信息时，不必中断讲课。

如何实施

这种方法很有效，因为它是作为老师向学生传达信息，表明学生的某一特定行为已经被老师注意到的一种方式。在运用这种方法之前，和学生讨论一下，约定秘密信号以及运用它的原因。

比如，对于某个喜欢在老师讲课期间说话的学生，你可以向他解释，你和他约定的秘密信号只有你们两个人知道。这一信号有两个目的。最常见的是，老师运用这一信号使学生纠正他的行为。秘密信号包括拍一拍下嘴唇、抬起眉头看一眼学生、点点头，或者拿起一个特定的物品，如铅笔等。这种和学生约定的秘密信号不需要太过复杂，而且应当易于理解。

同时，这种方法可以用来确定某些积极的行为。老师可以运用该信号告诉学生，我看到并理解你专注的、积极的行为。

⭐ 运用诀窍

◎ "鼓励学生参与"的方法就是"约定秘密信号"的一个例子。

◎ 有些学生可能运用"秘密信号"作为向老师表达他们的需求的方式，以避免公开地向老师提出要求。

◎ 卡罗尔·伯内特在每期电视节目中，总是用拉一拉自己耳垂的办法，向在家里看电视的奶奶传达他们约定的秘密信号。

55. 给出清晰的提示词让学生理清思路

| 随便发言 | 爱讲小话 | 粗鲁无礼 | 总是走神 | 容易放弃 |

教你一招

有些学生很难选择和使用恰当的词语来描述他们的需要、观点和意见。这种方法让学生能够将他们的想法用语言表述出来。

如何实施

严格意义上讲，"清晰的提示词"是学生们在开始总结他们的想法和观点的时候应当使用的词或短语。作为一种给学生提供的"捷径"，这种方法为学生在开始口头交流时提供了一种方法，以便他们可以把心思放在学习上，而不用老想着该选择哪些词来说话。

应当教学生在说话或讨论时严格使用老师提供的词。如果经常使用提示词可以为学生参与课堂讨论提供一种特定的、清晰的组织方式。清晰的提示词包括下面这些：

◎ 在我看来，最好是……

◎ 我们要做的第一件事是……

◎ 如果我们重新开始，要……

◎ 为了开始做这项作业，我们要……

◎ 这种情形令人感到失败/愉快/不解/记忆深刻，因为……

◎ 要了解的最重要的事实是……

◎ 我不太确定的是……

⭐ 运用诀窍

◎ 这种方法与"事先列个提问列表"以及"你可能说过……"的方法结合运用时，效果很好。

◎ 这些清晰的提示词除了用来表达学习体会、事件、冲突或场景，还可以用来向老师报告学习的情况。

56. 通过特定姿势让学生学会倾听

| 随便发言 | 爱讲小话 | 粗鲁无礼 | 总是走神 | 容易放弃 |

教你一招

当老师希望学生引起注意、集中精力、注意倾听时，要告诉学生一些通向成功的特定的期望、身体姿势，以及行为。SLANT是一个首字母缩略词，用于提醒学生在倾听的时候应当展示出哪些适当的行为。

如何实施

当学生需要聚精会神听别人讲话时，要告诉他们，现在是时候做到学会倾听了。这个缩略词概括了让学生最大限度地提升注意、专注和学习能力的五种重要行为。

S，指的是"坐直"（Sit Up），也就是说，教学生怎样坐好，并且怎样以一种最大限度集中注意力的方式来调整他们的坐姿或位置。

L，指的是"稍稍向前倾斜"（Lean Forward），也就是说，要学生身体稍稍向讲话的人倾斜。

A，指的是"提出和回答问题"（Ask and Answer Questions），也就是鼓励学生，通过问问题的方式来积极参与。

N，指的是"点点你的头"（Nod Your Head），也就是说，当讲话的人在表述或提问的时候，练习一种非语言的回应方式，比如点点头、扬扬眉，或者翘翘大拇指。

T，指的是"心思跟着讲话人转"（Track the Speaker），也就是说，告诉学生，他们的心思要跟着讲话的人，并且认真观察讲话人的动作、手势和肢体语言。讲话的人，往往会利用非语言手段来表达大量的信息。

⭐ 运用诀窍

◎ 只能以一种积极的方式来让学生学会倾听。不要训斥学生或者使用这种方法来突出学生的错误行为。如果学生未能对合适的提示给予反应，可以运用这种方法来重新指出老师期望的行为。

◎ 有些老师喜欢使用这种方法的一个变化，称为STAR，也就是：坐直（S）、心思跟着讲话的人转（T）、提问（A）、尊重你身边的人（R）。

57. 用微笑缓解课堂压力使学生专注

| 随便发言 | 爱讲小话 | 粗鲁无礼 | 总是走神 | 容易放弃 |

教你一招

简单而真诚的微笑，是老师可以运用的最强大的"教学工具"之一。微笑不仅具有感染力，而且可以缓解课堂压力、对学生的心情产生积极影响，并鼓励学生认真听讲。

如何实施

当某位学生难以专心学习或者表现出不恰当的行为时，吸引他的注意，并给对方一个真诚的微笑，然后反复强调或者阐明你的期望。

在某些情况下，根本不需要采用语言的交流或教导，只需要给学生一个眼神，表示说"我懂你"，就行了。在学生专心致志完成任务和学习目标的时候，也可以报以微笑。向学生微微一笑，然后说一句"谢谢"，就传达了老师重视和注意到了学生的信号。

⭐ 运用诀窍

◎ 在"热情招呼并细心观察"的时候，在建立"眼神交流"或者"慢慢走近学生"的时候，或者在运用"简洁明了、给予肯定、保持距离"方法的时候，可以考虑对学生微微一笑。

◎ 虽然老话说"老师不到圣诞别微笑，因为你的资格不够老"，但我们觉得即使是对新入职的老师来说，这也算是最好的建议。老师应当经常用微笑缓解课堂压力，从一开始就应该和学生们用微笑来进行交流。

58. 让学生致力于正确行为端正其态度

| 随便发言 | 爱讲小话 | 粗鲁无礼 | 总是走神 | 容易放弃 |

教你一招

大多数人渴望别人的赞同。"让学生致力于正确行为"的目的是通过和学生取得一致，让学生致力于展示某些善良的行为、端正的态度或积极的思想。

如何实施

这种方法通常与"简洁明了、给予肯定、保持距离"或"热情招呼并细心观察"等方法结合使用，它包含了老师与学生之间简短的对话，这种对话侧重于让学生描述和展示某些积极的行为。

例如，老师可以说，"布罗迪，今天我们要了解怎样在实验的时候使用各种实验室的设备，你一定会非常喜欢，并且在你想问问题的时候会先举手再提问，对吧？"这时，老师基本上是在要求学生展示良好的行为。尽管学生有时候也会不按老师说的做，但这时候不应惩罚学生或剥夺学生的权利。如果学生做不到这一点，老师可以轻柔但坚定地提醒他，要注意自己的行为，同时结合运用鼓励和反馈来激励他。

⭐ 运用诀窍

◎"是的，我会努力……"是一句强有力的话，但不应当强迫学生说出来，也不应当依靠外部的激励或奖励而让学生说出来。

◎"让学生致力于正确行为"这种方法与"心平气和地和家长沟通""对学生的行为量化打分""给出清晰的提示词"或"光荣榜"等方法结合使用时，会收到好的效果。

59. 特殊编排座位以提高学生学习效率

随便发言	爱讲小话	粗鲁无礼	总是走神	容易放弃

教你一招

特殊编排座位，是将某位学生的座位编排到他最有可能专心学习的地方，提高学习效率的好方法。

如何实施

好比每一位员工在办公室或小隔间里工作效率并不完全相同，并不是每一位学生在教室的相同座位上学习都会高效。

比如，当学生坐在椅子上，即使没有任何干扰，也并不是所有的学生都能够专心地学习、很好地集中注意力。特殊编排座位可以给学生提供一些选择，帮助他们一直专注于完成学习任务。

在选择某位学生的座位时，要考虑离老师或"教学地点"的远近，教室内的设施和器材摆放的位置，以及门、窗或可能导致学生分神的其他事物等等。

在选择如何编排学生的座位时，要让他们自由选择如何调整自己的坐姿。只要他们保持专注、把心思放在学习上，而且不受干扰，应当允许学生自由选择以什么样的姿势坐在椅子上。

⭐ 运用诀窍

◎ 有些教室把大型健身球用来作为学生的椅子。坐在健身球上，身体的轻微运动和球的反弹效应，有助于增强对学生的刺激，让他们更加专心。

◎ 另一种选择是在椅子或课桌的桌腿之间牢固地绑上一根蹦极用的粗绳。这让学生在坐着的时候有地方放脚，他们可能在绳子上轻轻踏步，以保持活跃的精力。

60. 用特定的时间界限提高学生自制力

| 随便发言 | 爱讲小话 | 粗鲁无礼 | 总是走神 | 容易放弃 |

教你一招

特定的时间界限清晰地向学生展示了老师对某项学习任务或学习项目的要求、完成时间以及期望的结果。

如何实施

如果不明确地阐述学习任务完成的截止日期和时间界限，学生会缺乏自制力。在教那些行为不恰当的学生的时候，一种有效的方法就是在他们完成任务或作业时规定明确具体的时间界限。这种方法通过准确地向学生表达老师希望他们干什么以及什么时候干完，帮助学生在学习上获得成功。从此，老师不再对学生说"开始干吧，你剩下的时间不多了"之类的话，而要就他应当完成的学习任务明确地规定时间界限。

比如老师可以说，"在下课之前，要交出这篇作文的初稿。你们只剩下36分钟了。到下课的时候，我希望看到你们完整的初稿，包括注释和引用标注。"除了使用口头提示，还可以为学生提供一些可视的提示物，比如倒计时的计时器、秒表，或者把剩下的时间写在黑板上。

这些工具的运用有助于提醒学生，并且营造一种紧迫感，帮助他们专心致志地完成学习任务。

⭐ 运用诀窍

◎ 有些老师惯于使用暗含压力的表述，比如"你只有10分钟来完成这项作业了。如果你没有做完的话，就不能休息。"类似这样的表述应当谨慎使用，而且绝不能对全班同学运用。听到老师那样说，有些学生会十分专心地投入学习，而且为了在规定的时间里完成，会更加争分夺秒。但另一些学生由于害怕失去"休息"的权利会变得不知所措。因此，只能在考虑了学生的能力以及这类话对学生的影响之后，才能使用它们。

◎ 考虑将"特定的时间界限"与"简洁明了、给予肯定、保持距离""分解学习任务""表扬和祝贺"或者"及时给予肯定和反馈"等方法结合运用效果更佳。

61. 课前课后准备好 "消化知识" 的活动

| 随便发言 | 爱讲小话 | 粗鲁无礼 | 总是走神 | 容易放弃 |

教你一招

消化知识的活动，是一些事先计划好的、能够快捷完成的学习任务，目的是在每天的课堂安排中"填满"5~10分钟的空白。

如何实施

即使是上那些精心准备、条理清楚的课，学生们也会用不同的时间完成学习任务。

老师常常会听到学生提一些问题，比如说"我已经做完了，现在该做什么？"这时候，学生闲下来就可能会表现出种种不恰当的行为，他们在寻求获得别人的注意，或者是想办法消磨那些时间。老师通常会说"再检查检查你的作业"或"你可以自由地看看书"。对那样的指令，有些学生能够很好地回应，但大多数喜欢挑衅的学生知道，那只是老师要他们保持安静的权宜之计，他们会不管老师怎么说，依然我行我素。

相反，老师应当列出一个"消化知识活动"的清单，在学生已经做完作业的时候来进行这些活动。

这些活动应与课程的学习目标直接相关，帮助学生巩固刚刚学习的新知识、回顾过去学过的知识，或者是将它们与重要的知识联系起来。比如某位学生完成了阅读任务后，老师可以这样对他说，"写下三个你从今天的阅读中了解到的重要细节。"

⭐ 运用诀窍

◎ 老师应当列出一个易于运用的各种"消化知识活动"的清单，这些活动能够在各个知识领域中使用。这方面的例子包括：列举10个＿＿＿＿，并根据重要性来进行排列；用＿＿＿＿这个词来造5个句；列出你可想到的，以字母＿＿＿＿开头的单词。

◎ 为某位学生选择正确的"消化知识的活动"时，可以根据学生的个人情况提供适当等级的难度。

62. 站起来活动活动身体可振作精神

| 随便发言 | 爱讲小话 | 粗鲁无礼 | **总是走神** | **容易放弃** |

教你一招

允许学生站起来并活动活动身体，有助于让他们振作精神，为接下来的学习做好准备。

如何实施

这种简单的活动和伸展运动，对所有学生的身心都有益处，对那些容易开小差或容易放弃的学生来说，尤其是一种有效的方法。

老师应当清楚学生能够一直坐多久。你要了解，如果强迫学生长时间坐着，很多学生会开小差。众多研究结果表明，适当的身体活动有助于增强专注度、增强学习动力，促使完成任务。经常允许学生站起来活动活动身体可使学生的精力更加充沛，因此提高了他们在更长的时间内专注于手头学习任务的能力。

⭐ **运用诀窍**

◎ 让学生站起来活动活动身体，有助于最大限度地减轻学生的焦虑情绪。

◎ 有些老师还选择带着学生进行呼吸练习，目的是让学生放轻松，减轻压力。

63. 清晰地告诉学生"开始做某事"

| 随便发言 | 爱讲小话 | 粗鲁无礼 | 总是走神 | 容易放弃 |

教你一招

"开始做……"句式是针对老师的期望而说出的简短而积极的提示，它清晰地指导学生应当开始做什么，而不是应当停止做什么。

如何实施

在一天的学习中，要给那些行为不恰当的学生下达几条指令。但很多老师告诉这些学生的是，他们应当停止做什么，比如：别再四处乱跑、不要讲话、别再开玩笑、不要再发短信等等。尽管这些指令直接表达了老师对学生的期望，但它们也有可能变成负面的指令，而且有时候在语气上让学生难以接受。相反，你可以把这些"不再做……"的指令，换成"开始做……"的指令。

例如，老师也许发现他们经常对学生说"别再浪费时间"，这种指令并没有引导学生有效地改变他们的行为。相反，当老师觉得学生的确是在浪费时间时，他可以促使学生开始干点事情，比如说"请开始做第3题"。这样做使老师在传达他的期望的同时，依然保持了一种积极的姿态。

运用诀窍

◎ 如果老师觉得，要更加经常地监控学生是不是专心于学习任务，那么，说出了"开始做……"的指令后，通常可以接一句"我会再来检查的"。

◎ 考虑将这一方法与"站起来活动活动身体"或者"活跃课堂的活动和游戏"结合运用。

64. 精心安排每堂课的前后10分钟

随便发言	爱讲小话	粗鲁无礼	总是走神	容易放弃

教你一招

每堂课最初的10分钟和最后的10分钟，是学生最容易表现出不恰当行为和干扰行为的时候。因此，在这两个时段井井有条地组织好课堂教学，是非常重要的。

如何实施

在备课和确定学习目标的时候，要特别注意在课堂的最初和最后10分钟里要求学生完成的学习任务和活动。

要知道，很多学生觉得在这些时间里他们可以更加随意，或者这纯粹是"垃圾"时间，因此通常会搞一些小动作。考虑用"调动学生好奇心"的方法、用小故事或者某项学生们能够不用离开课桌而自己完成的特定学习任务来开始一堂课。

在最初的10分钟里，为了使学生收心，做好学习的准备，可以使用"慢慢走近学生""与学生进行眼神交流"以及"热情招呼并细心观察"等方法。

不要把最初的10分钟用来完成某项管理任务，比如点名、午餐人数清点或者检查家庭作业等。有些时候，在上课最初的10分钟里，逐字逐句写下你对学生的指导也许是有益之举。要在学生还没有进教室的时候就准备好所有的教材、讲义和书本。

在一堂课的最后10分钟里，要鼓励学生参与一些和本堂课学习目标相关联的活动，同时给他们提供一些特定的主题和学习伙伴热烈探讨。还可以运用"慢慢走近学生""再坚持三分钟，然后……"或"光荣榜"等方法，帮助学生在最后10分钟里保持专注。

运用诀窍

◎ 与人们普遍认为的相反，一堂课的最初和最后10分钟，通常是温习和教好重要概念的绝佳时机。

◎ 由于存在"首因—近因效应（第一印象作用最强）"，大脑会很自然地特别关注和聚焦于那些发生在一段时间最初和最后10分钟内的事件、知识或情景。

65. 讲些刻苦努力的小故事展示成功

| 随便发言 | 爱讲小话 | 粗鲁无礼 | 总是走神 | 容易放弃 |

教你一招

那些容易放弃的学生，往往在思考的时候发自内心地消极，他们的思维过程多数基于在学校中的负面体验，那让他们觉得刻苦用功或者勤奋好学简直是浪费时间。这些学生往往需要老师告诉他们一些明确的榜样、范例，并且给他们讲一些展示刻苦和努力是怎样带来成功的小故事。

如何实施

学生听到别人的成功故事后，往往会产生学习动力，这时单独和他谈心，谈一谈他的优点、目标，以及需要在哪个方面付出更大的努力。当然，老师跟他们讲的小故事不能只是责难或讽刺他以前不努力，而是要鼓励他克服困难、努力学习、通过自己的艰苦努力最终品尝到成功的喜悦。积极的小故事能够促使学生改变行为，而且随着时间的推移，也能改变学生以前消极的心态。

它们以一种真实的、令人难忘的方式，表明了成功是可以做到的。

这些小故事有可能是身边发生的（比如说老师讲自己怎么克服困难），但最能打动学生的小故事是关于名人、运动员以及历史人物的。关于这些人怎样克服困难、最终迈向成功的故事在任何一家图书馆里都能找到很多。

⭐ 运用诀窍

◎ 当你很想教训某个学生的不良行为或开小差时，考虑讲一个关于勤奋和努力的小故事。小故事要讲得简短、直切要害、给予肯定。

◎ 更多关于帮助学生改变消极心态，做到心怀希望、不断成长、积极改变的故事要靠老师不断记录和发掘。

◎ 要记住，老师需要以身作则，向学生展示勤勉工作、发奋图强、积极负责的行为。最好的故事是通过老师用课堂里的点点滴滴来展示给学生的。

66. 设立"发言卡片"让学生轮流发言

| 随便发言 | 爱讲小话 | 粗鲁无礼 | 总是走神 | 容易放弃 |

☺ 教你一招

"发言卡片"可以用于大组或小组学习活动，成为一种轮流发言的具体程序。它是一种有益的工具，能使学生都有机会回答问题或者与小组成员交流自己的思想和观点。

♥ 如何实施

对那些喜欢在不恰当的时机说话的学生，"发言卡片"是一种有效的约束方法，因为它们为学生怎样、何时交谈以及谈多久，规定了特定的条条框框和方法。

老师给每个学生分发一定数量的"发言卡片"。这些卡片可以是一张小方块纸、硬币、塑料块、扑克牌等等。卡片代表一个学生可以在规定的时间内或者在从事特定的学习活动期间可以说话多少次。

比如老师可以向某个小组提出一个问题来引发讨论。每个学生轮流发言，每次发言，就把发言卡片放在课桌的正中间。直至所有学生都用过了他们的发言卡片，讨论才告一段落。

"发言卡片"的规则可能要视学习活动而定。在某些小组讨论中，第一个使用卡片来发言的学生，必须等到小组中的每个人都用过一次卡片后，才可以再次使用卡片来发言。

⭐ 运用诀窍

◎ 对于如何使用和管理这种方法老师应当首先确定清晰的指令和明确的期望。考虑先让几个学生来示范，以便展示参与讨论的正确方式。

67. "老师批准的玩具" 可让学生专注

| 随便发言 | 爱讲小话 | 粗鲁无礼 | 总是走神 | 容易放弃 |

教你一招

有些学生在上课的时候，难以控制他们的手不四处乱动。老师批准使用的玩具是一些小小的东西，比如松软的小球，或者名叫"机灵鬼"的螺旋弹簧玩具，或者塑料小动物玩具等等，让学生可以在上课的时候捏在手里不再乱动。

如何实施

当学生难以控制他们的手不四处乱动，或者以不恰当的方式到处乱摸时，可以让他们拿着经过老师批准使用的玩具。这些玩具由老师预先选好，以便学生的手里有东西捏着，不再四处乱动。

在执行这一方法之前，老师要帮助学生理解这些玩具的用法和功能，以及对使用玩具的期望及规则。这些玩具的目的是为了集中学生的注意力，不应当反而让学生分了心或者给班上其他同学造成影响。老师应当向家长解释这种方法的作用，甚至可以让家长来选择玩具。

经过老师批准的玩具有利于帮助学生控制好他们的双手，防止学生发出不恰当的噪音或打出不恰当的手势，并且帮助学生在更长的时间里保持专注。老师应当持续监控这种方法的效果，以保证学生适当地运用这些玩具。

⭐ 运用诀窍

◎ 在确定采用这种方法时，老师应当使用"明确的指导"设立清晰明确的使用说明。学生们要知道那些玩具不用的时候放在什么地方、他们在什么时候可以使用，如果他们错误使用了，会发生什么。

◎ 老师批准的玩具，也可以用来作为一种具体的提示物。

68.设立引起学生注意的特定教学地点

随便发言	爱讲小话	粗鲁无礼	**总是走神**	容易放弃

教你一招

特定的教学地点，是指教室中老师经常来到的特定位置，用来引起学生的注意，以便接取某些指令或者某些重要的信息。当老师采用这一方法时，学生们一看到老师站到了那个地方，就知道需要集中注意力了。

如何实施

尽管这一方法经常在大组的交流中使用，但它对那些容易分心的学生格外有帮助。要告诉学生，当你站在那个已经确定的地点时，他们就知道要停下自己正在做的事情，转过身来看着你，听你讲课。

用海报、标志或图标来标明"教学地点"是一种有益的方法。从老师站到那个地点开始，就会讲授一些重要的信息。老师一定要记住，要简练地讲授，并且着重讲那些对学生来说至关重要的信息。

要采用一些程序来训练学生，什么时候要求他们集中注意力，包括当老师离开那个特定的"教学地点"时学生该做些什么。很多老师将这种方法与"设定引起注意的信号""让学生学会倾听"或者"调动学生好奇心"等方法结合运用。

⭐ 运用诀窍

◎ 对于那些容易分神的学生，记住一点：要限制给他们提供口头指导或信息的时间。太漫长的指导或讲课，实际上可能更容易让学生分神。

69. 用感谢让学生在心里记住积极行为

| 随便发言 | 爱讲小话 | 粗鲁无礼 | 总是走神 | 容易放弃 |

教你一招

事先表示感谢这种方法虽然简单，但却非常有效，因为它通过事先承认学生的合作和专注，有助于引导学生表现出积极的行为。

如何实施

事先表达感谢是用简练而积极的语言，确定老师期望的或者想要看到的学生的行为。通常情况下，在一堂课开始的时候使用这种方法。行为不恰当的学生往往经常听到老师的训斥或警告，告诉他们不应当做什么，或者他们过去做了一些什么错事，听到感谢则能让他精神一振。

比如很多学生会听到老师这样说，"伊桑同学，今天我们的学习任务很重。你要一整天都闭上你的嘴巴。我真的不想再次打电话给你爸爸妈妈。"这种类型的交流事实上反而会助长学生的缺点，因为它凸显了学生的消极行为。相反，你可以考虑通过表达你对积极行为期待的方式来和学生交流。对于上面的这个例子你可以说，"伊桑同学，我们今天的学习任务很多。我知道，你一定会在学习期间努力保持安静的。感谢你为了专心致志学习而作出的努力。"

事先表达你的谢意，应当用一种积极的口气来说，并且明确地表达你对学生听从你劝告的期望，不带任何嘲讽或怀疑的暗示。

⭐ 运用诀窍

◎ 这种方法通常与"简洁明了、给予肯定、保持距离""热情招呼和细心观察""让学生致力于正确行为"等方法相结合。

◎ 这种方法不应当用来操纵学生或者让学生因为不服从而感到愧疚。相反，它的目标是让学生在心里记住你希望的积极行为。

70. 为学生制定简短而特定的时间目标

| 随便发言 | 爱讲小话 | 粗鲁无礼 | 总是走神 | 容易放弃 |

教你一招

有些爱拖拉的学生，当老师提供了简短而特定的时间目标时，能够在规定的较短时间内完成期望的学习任务。

如何实施

一项不相关的、可管理的任务，加上设定一个较短的时间界限，通常会激励学生把心思重新放到学习上来，去完成相应的学习任务。

当学生难以专心致志地完成某项学习任务或作业时，靠近该学生并且询问一下他的进步、提几个问题或者衡量一下那些让他无法专心的因素。

如果有必要，清晰地阐述你的期望、重新给予指导或者鼓励学生，随后再说一些类似于这样的话："你再专心做这项作业三分钟的时间，然后我们就可以开始休息一下，让你活动活动。"

这一时间界限可以进行调整以满足学生的需要，但重要的是记住，如果你给学生限定的时间界限太长或太短，有些学生会感到更加失败。

如果学生听到老师说，"你专心做这些作业40来分钟吧，然后就可以休息一下，让你活动活动"，他们不可能给予积极的回应。在运用这种方法之前，一定要让你在这一时间界限之后提出的条件是学生期望的。如果你想要学生再坚持几分钟完成一项他不想完成的任务，而只是为了让他去干另一件他同样不想干的事，那么，这一方法将毫无用处。

⭐ 运用诀窍

◎ 有些学生需要老师有针对性地告诉他们，怎样在短时间内专心完成学习任务。如果是那样的话，可以鼓励他们"分解学习任务"。

◎ 考虑将这种方法与"允许学生选择次序""使用不同颜色的教具和材料"或"慢慢靠近学生"等方法相结合。

71. 让学生观察老师讲课提高参与度

随便发言	爱讲小话	粗鲁无礼	总是走神	容易放弃

教你一招

这种方法是"向学生发出邀请"方法的延伸，目的是让那些行为不恰当的学生有一种特定的方法来参与全组课堂活动。

如何实施

很多行为不恰当的学生，如果老师告诉他们一种非常特定而具体的方法去积极参与课堂的学习活动，他们往往会给予积极的回应。

这种方法很像我们以前介绍的"事先列个提问列表"的方法，后者让学生有机会思考他们对某些特定问题的答案。

跟踪观察老师讲课的方法，是在上课的时候给学生一些具体的事情去做。在上课之前，单独跟某个行为不恰当的学生谈一谈，要求他在课堂上给予帮助。你可以解释说，你需要学生帮助你跟踪观察某些行为。比如你可以说，"在上课的时候，我要你帮我观察一下我提了多少个问题。作为老师，我一定要想方设法提一些更好、更深刻的问题。因此，我想让你帮我观察一下，我到底提了多少个以'什么'、'怎么'、'哪里'、'什么时候'或者'为什么'等词开头的问题。"

下课以后，一定要让这位学生告诉你他的观察结果，并且考虑让学生帮助你分析这些数据，或者将结果用图表展示出来。这种方法让学生在接受老师的任务时抱有一个特定的目的，但它还表明老师也在持续不断地学习，而且致力于提高自己的教学能力。

运用诀窍

◎ 可以让学生跟踪观察老师或班级的特点，包括老师请同学提问时等待的时间、老师请班上男同学回答问题的次数和请女同学回答问题的次数、老师个人的一些怪癖，比如在课堂上说"嗯"的次数或者手势、老师在教室里的走动路线等。

◎ 要注意的是，不要让学生跟踪观察班上其他同学的行为或错误行为。这可能让学生跟别的同学造成对立，而且不能保证收集到的信息一定准确。

72. 为学生设立需要帮助的"信号灯"

随便发言	爱讲小话	粗鲁无礼	总是走神	容易放弃

教你一招

"信号灯"是一种学生可以用来向老师表示他们需要帮助的工具。

如何实施

课堂中可能有一些学生需要老师更加密切地关注他们在独立学习的时候是否行为恰当或者是否需要帮助。对那些学生，可以给他们画几张不同颜色的"交通信号灯"的图画。当学生举起某种颜色的"信号灯"时，表示他需要帮助。这种方法可以让学生以一种非语言的方式来和老师交流，而不必公开宣布自己需要帮助。

例如，当学生举起"绿灯"的图片时，表示告诉老师，现在不需要老师的帮助。"黄灯"的图片表示学生有点跟不上老师讲课的进度，需要老师暂时停下来，但随后也能够继续讲下去。举起"红灯"的图片表示学生已经完全听不懂了，如果老师不马上提供帮助，将无法继续学习下去。每种颜色"信号灯"的准确意义，可以根据学生的需要而进行区分。

⭐ 运用诀窍

◎ 这种方法可以与"用视觉听觉和感觉来描述期望"的方法结合使用。老师和学生可以探讨在课堂上有效地运用"信号灯"的方法。

◎ 可以用一些小小的泡沫块或废弃的塑料饮料瓶描上不同的颜色来代表"信号灯"。要定义每种颜色的含义，并训练学生怎样在表达自己的需要时把适当颜色的"信号灯"出示给老师看。

73. 每天2分钟持续10天和学生谈心

随便发言	爱讲小话	**粗鲁无礼**	总是走神	容易放弃

教你一招

具体说来，经常单独谈心是指老师每天花2分钟左右的时间，连续10天跟学生单独谈心，目的是发现师生之间的共同点并深化师生关系。

如何实施

和那些行为不恰当的学生建立真诚的信任关系，是为了让他们在学业上取得成功而必须做的事情。它要求在10天的时间里，每天至少花2分钟的时间和学生谈心，以求更加了解学生。

在这段时间，老师要了解学生的兴趣、观点、想法、爱好和最喜欢的事情。基本上可以说这些时间实际上是让老师了解学生捣乱的原因，并且知道什么事情是学生感兴趣的。在这段时间里，老师应当表达出自己对学生的真正兴趣，而不仅仅是对学生在学校里或某个科目上分数的兴趣。

事实上，老师应当避免强调学习成绩与行为举止和参与学习的重要性。如果那样做，学生往往会看穿那种明显的意图。相反，老师要努力去改善师生之间的关系，并找出这个学生让你喜欢的特殊之处。

⭐ 运用诀窍

◎ 每天至少花2分钟，连续10天，这样的时间分配只是一个大体的指导方针。这种方法最终的目的是让老师花时间和精力去更好地了解学生。

◎ 要避免出现任何不得体的行为，而且最好在家长和学校管理方知晓并支持的情况下采用这一方法。

◎ 这种方法不必秘密地进行。老师可以在路上遇到学生的时候、在吃中饭的时候跟学生短时间地谈心，也可以在学生乘车的地方或者学校上课之前的几分钟，进行这样的谈心。

74.设立光荣榜持续记录学生的进步

| 随便发言 | 爱讲小话 | 粗鲁无礼 | 总是走神 | 容易放弃 |

教你一招

设立光荣榜就是记录下学生的荣誉，学生可以选择一些大人来一同分享这些荣誉。

如何实施

有些学生以为他们不恰当的行为会一直被老师记着、不断翻旧账。因此，他们很多人都是以一种消极的心态来看待自己，或者认为自己就是"坏"孩子。

光荣榜这种方法凸显了学生有的进步、达到或超出了期望、体验了成功的方面。跟学生单独谈心，并给他一张清单或一张白纸，请学生写下他在某一天或某一段时间做得很好的方面。向学生解释说，光荣榜上所列的事情并不一定要是惊天动地的大事，也不必只注重学习、分数或学业。

比如，对那些难以控制自己总乱动的学生，老师可以这样说，

"朱丽叶，我注意到，当各个小组在排队领作业本的时候，你让两个同学排在你的前面，以便他们能够拿到他们想要的那种作业本。你这样做，想得非常周到，我可以把这件事情列入'光荣榜'。"

事实上，光荣榜不必太长或太复杂。有些学生在一天的学习生活中，可能只体验到几项"荣誉"。在列举这些荣誉的时候，要学生把它们展示给自己选择的大人看。同时要告诉学生，应该为自己的那些荣誉感到自豪，并且请大人们稍稍夸奖一下他自己。学生可能选择把光荣榜给别的老师、辅导员、父母，甚至校长看。

⭐ 运用诀窍

◎ 这种方法可以与"心平气和地和家长沟通""用图表展示学生的进步""及时给予肯定和反馈"或"制定个性化的学习目标"等方法结合运用。

◎ 这种方法的效力在于让学生体验到成功和分享。学生和他自己选择的大人分享了"光荣榜"，要确保那个大人能够给予学生适当的鼓励，如果学生的"荣誉"并不是十分突出，或者并没有在期望的领域中取得荣誉，大人也不要显得失望。

75. 让学生从对错误的处理中学会反思

| 随便发言 | 爱讲小话 | 粗鲁无礼 | 总是走神 | 容易放弃 |

教你一招

很多人认为我们会从错误中学到东西，但实际上我们是从对错误的处理、思考和反省中学到东西。很多老师以为仅仅是错误行为的后果，就足以让学生改变行为，实际上那些行为不恰当的学生需要有机会来反省和思考他们的行为。

如何实施

这种方法只有在学生心情平静、能够接受别人的建议并愿意倾听的时候，才会有效。这种方法通常是老师和学生单独谈话的时候提出来，这样一来，学生就不必担心在同学面前丢面子了。老师要简要概括刚刚发生的事情，并对学生已经说过或做过的事情提出一些建议。

比如，对某位大骂同学的学生，老师可以这样说，"当其他同学都没有听你说话你刚刚觉得很失败的时候，你应该说……"这种方法还可以用来对那些在面临困难的时候表现了积极行为的学生给予表扬。例如，老师可以说，"我注意到，当其他同学取笑你的字写得不好的时候，你平静以对。你本来可能很生气，并大声予以回击的，但你没有那样做。"

⭐ 运用诀窍

◎ 在你提供反馈的时候，一定要真诚，而且不要以一种讥讽的口吻提出。除此之外，重要的是要观察学生的情绪和体验，即使是在学生难以正确回应你的这句话的时候，也要细心观察。

◎ 这种方法十分有效，因为它要求学生反思，而且，在正确使用的时候，它还为老师和学生之间的沟通开辟了一个通道，这样的沟通着重于怎么去解决问题，而不仅仅是为了惩罚学生。

卓越教师的200条教学策略

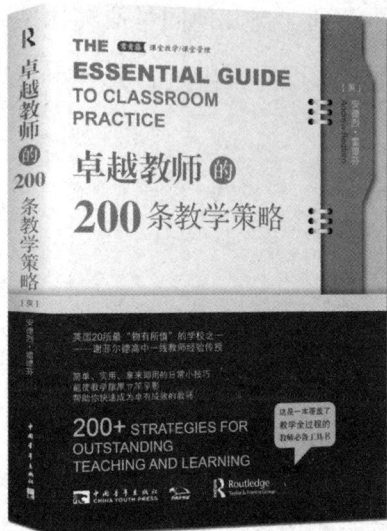

ISBN：9787515340401

著　者：〔英〕安德烈·雷德芬

出版社：中国青年出版社

定　价：49.90元

○ **高效**：每一个方法简单易学，步骤清晰，拿来即用，能使教学效果立竿见影。

○ **全面**：从制定教学计划到把握课程进度，再到课后评估，覆盖教学每一个环节。

○ **权威**：作者来自英国20所最"物有所值"的学校之一，一线教学经验丰富。

　　《卓越教师的200条教学策略》关注的是教师们在日常教学中最想解决而又棘手的难题：什么样的策略是有效的？我们又该如何实施它们？

　　本书为教师提供了200条与教学相关的实用策略、方法或行动建议，清晰地解释了每一种方法的步骤、优点与窍门，读完即可运用到日常教学中。利用这些策略，你可以轻松掌握卓越教学的每一个环节：

· 制定完美的课堂计划

· 激发学生的思考能力

· 让每一个学生都参与学习

· 鼓励合作学习，改善学生课堂表现

· 开展分层教学，因材施教

· 实施有效的测评与反馈

　　此外，每一个主题都总结了便于查阅的10个方法，比如，有助于全面了解学生的10个数据、在课堂上有效测评学生进度的10个方法、高效批改作业的10个好点子，等等。不管你是刚入门的新教师还是经验丰富的老教师，它将在你的教学生涯中给予你高效的指导。

可见的学习与思维教学

让教学对学生可见，让学习对教师可见

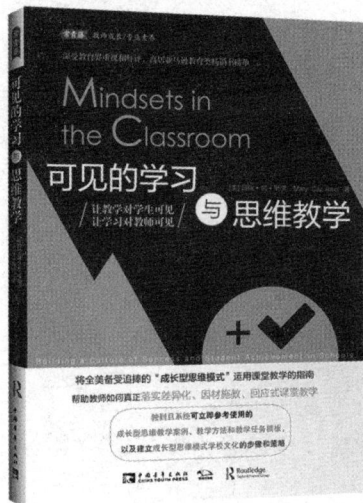

ISBN：978-7-5153-4500-0
作者：[美] 玛丽·凯·里琪
定价：39.90元

★ 获《中国教育报》"2017年教师喜爱的100本书"奖；获中国教育新闻网"2017年影响教师的100本书"奖。

★ 将全美备受追捧的"成长型思维模式"运用课堂教学的权威指南；

★ 成长型思维教学打造真正的因材施教、回应式课堂。

内容简介：本书运用著名心理学专家卡罗尔·德韦克创造的"思维模式"理论于课堂教学实践中，既有心理学、脑科学、思维训练等专业知识，又有注重差异化、回应式课堂的建构式教学系统，以及可应用的成长型思维模式塑造方法、任务和建议，更有大量图表、计划模板等教学工具，教师可以充分参考或直接使用。以生动的案例和实践步骤，将可运用的成长型思维教学技巧娓娓道来，破解思维能力培养难题，为学生学习和成长寻找到了"捷径"。

全书用科学的理论和具体可行的操作建议引领教师接受成长型思维模式；针对学生核心素养培养的教育目标，教师重新审视课堂，改变思维方式，明确教学的思维航向，在课堂教学、师生关系、学校氛围中，打造出学生智力、行为、学习与思维方式的创新教学模式；培养学生成长型思维方式，改变学生对自身能力和潜力的固定思维，从失败中学习，不断挑战自我，认定努力和困难能创造新的神经元连结，让大脑越来越聪明，最终成为具备极强学习能力，保持学习热情，主动追求卓越，自信健康的优秀学生。

凭什么让学生服你

[极具影响力的日常教育策略]

作者：关承华
定价：39.90元
出版社：中国青年出版社

◆ 用"脑"去思考教育，与时俱进，因材施教的成功教育策略；

◆ 用"心"去理解学生，感化叛逆、桀骜不驯等问题学生，复杂问题简单化的教育技巧；

◆ 用"情"去滋润学生，尊重个性、因势利导，事半功倍的教育方法。

本书为师生关系、课堂教学、班级管理以及做好班主任兵法。书中一百多个教育实例就是一百多个饶有趣味的小故事，穿插在每个章节之中，理论与实践相结合，展现了一位名师的教育艺术，机智幽默的对白，独具匠心的设计，妙趣横生的情境，让教师在不知不觉中，感染到了作者育人的热情，也领悟到了教书育人的真谛。

为学生赋能：
当学生自己掌控学习时，会发生什么

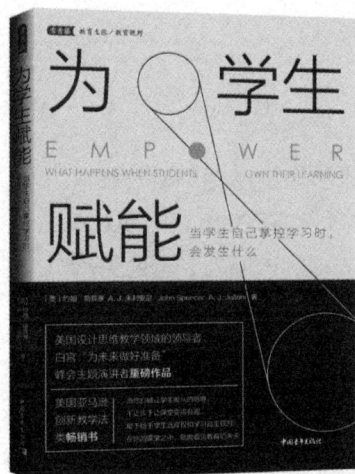

作者：[美] 约翰·斯宾塞　A.J.朱利安尼
出版社：中国青年出版社
ISBN：9787515352848

> 为学生赋能，是指教师提供学生知识与技能，让学生追求他们自己的激情、兴趣与未来。
>
> ——美国年度教师　比尔·福莱特

◎ 美国亚马逊创新教学法类畅销书

◎ 当你打破让学生服从的思维、不止步于让课堂变得有趣、敢于给予学生选择权和学习自主权时，在你的课堂之中，就能看见教育的未来

　　传统教育方式培养出的孩子，常常不能为未来做好准备。在他们离开学校后，只能做一个遵守与服从者，无法知道自己的热情兴趣所在。本书作者提出，教师需要转变思维，从让学生"遵从"（即"学生必须遵守我们的规则"）、"参与"（即"让孩子对我们所选的内容、课程和活动感兴趣"）变为"赋能"。

　　为学生赋能，关键是在于：不是教师选择让学生学什么，而是让学生拥有选择权，从学什么，设计与创作什么到学习进度、学习成效评估，都由学生掌控。教师可能会问，整个教育体系、课程设置、考试压力、课堂纪律管理，怎么可能允许让选择权放在学生手里，但是本书作者提出，在现存教育体制不改变以及现有因素存在的情况，仍然能够做到为学生赋能，并提出来一系列建议。

　　当学生被赋能时，学生的学习积极性将最大程度被调动，并且达到深度学习的效果，而且他们能成为问题解决者、学会项目管理、培养迭代思维，养成成长型思维，培养极客兴趣，更有创意，他们成为探索者，系统思考者，自我导向的学习者，他们能为未来做好准备。

智能课堂设计清单

帮助教师建立一套规范程序和做事方法

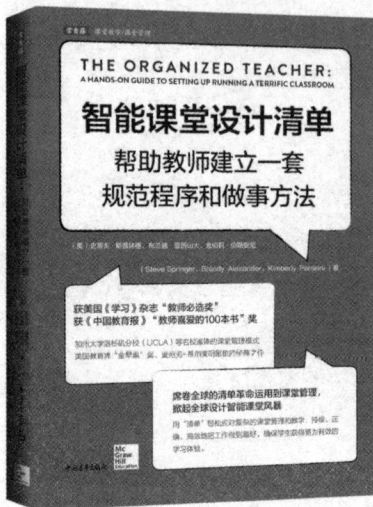

作者：[美] 史蒂夫·斯普林格

布兰迪·亚历山大

金伯莉·伯斯安尼

定价：49.90元

出版社：中国青年出版社

ISBN：978-7-5153-5298-5

获《中国教育报》"教师喜爱的100本书"奖

加州大学洛杉矶分校（UCLA）等名校追捧的课堂管理模式

美国教育界"金苹果"奖、麦格劳-希尔奖明星教师经典之作

　　这是一个真实的课堂，有趣极具吸引力的智能课堂；一套系统、严谨的规范程序，一条清晰的成长路径；100多种清单、图表、范例、步骤和方法，简单、具体、高效，可直接复制，让课堂教学秩序井然；用设计"清单"，持续、正确、高效地把工作做好，确保学生获得更为有效的学习体验。

◎ 智能教室布置设计　　　　　◎ 行为管理方法

◎ 课堂管理工具箱　　　　　　◎ 教室外活动清单

◎ 课堂教学技巧　　　　　　　◎ 课程标准和要求

◎ 考试和评估清单　　　　　　◎ ……

"打造轻负高效的优质课堂"教育书系

权威创新教育专家麦克·格尔森为一线教师提供
关于备课、上课、做课、评课等所有教学过程的教学方法和教学资源

书号：978-7-5153-5559-7
定价：39.00元

书号：978-7-5153-5565-8
定价：39.00元

书号：978-7-5153-5702-7
定价：38.00元

书号：978-7-5153-5701-0
定价：39.90元

书号：978-7-5153-5825-3
定价：39.00元

书号：978-7-5153-5832-1
定价：49.00元

书号：978-7-5153-5867-3
定价：39.90元

书号：978-7-5153-5675-4
定价：39.90元

书号：978-7-5153-4661-8
定价：29.00元